FRANZ BERNHARD

W

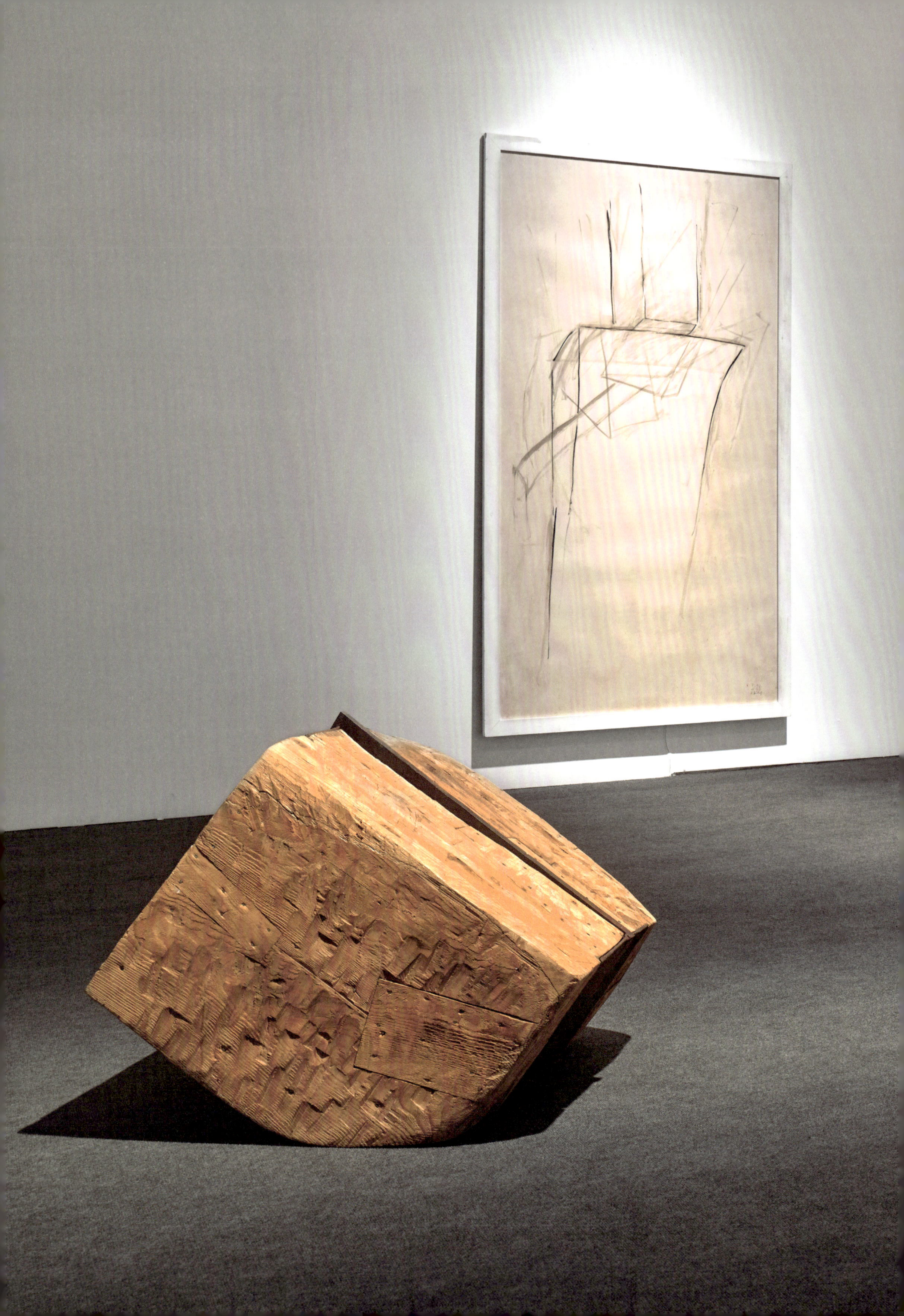

Herausgegeben von |
Edited by Georg Elben, Andreas C. H. Schell

FRANZ BERNHARD

Die menschliche Figur | The Human Figure

Skulpturenmuseum Glaskasten Marl
Andreas C. H. Schell-Stiftung

Wienand

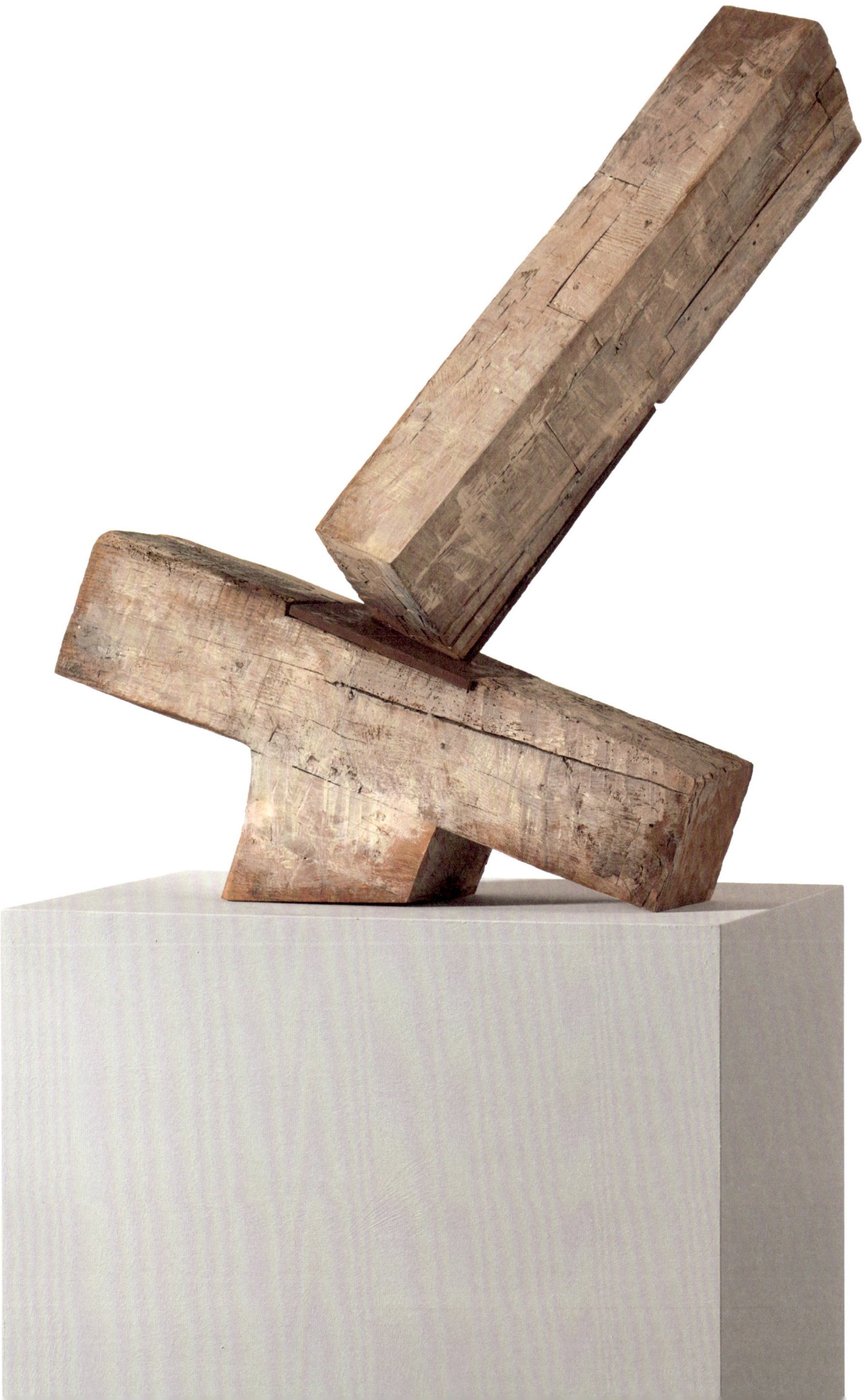

Inhalt | Contents

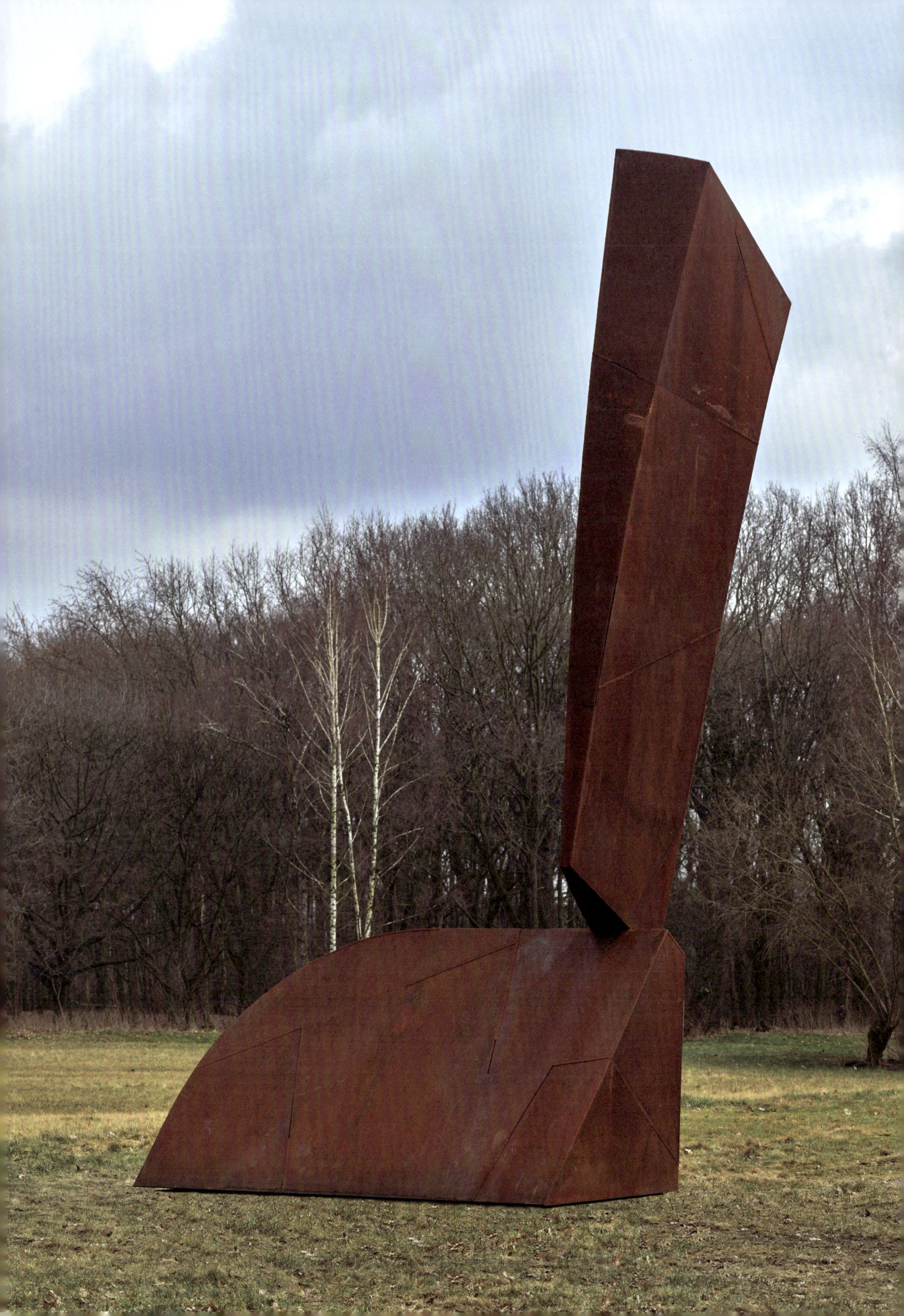

Vorwort

Holz, Eisen und die menschliche Figur im Werk von Franz Bernhard

Wer wollte in Abrede stellen, dass es auch in der Kunst Strömungen gibt, die der Mode und dem Zeitgeist unterworfen sind und die sich scheinbar immer schneller ablösen. Eine unbestrittene Zäsur in der Geschichtsschreibung markiert der Zweite Weltkrieg, während der Bruch mit den Traditionslinien in der Kunst um einiges später kam. Die 1960er-Jahre führten zum weltumspannenden Siegeszug der Abstraktion, der schon zu Beginn des 20. Jahrhunderts begonnen hatte, sowie zur theoretisch begründeten und die Grundlagen verändernden Konzeptkunst. Der Bildhauer Franz Bernhard zeigt sich stark von den Leitgedanken der damit verbundenen Reduktion beeinflusst, die sein Werk kontinuierlich mitbestimmt haben. Thematisch bilden der Mensch und die menschliche Figur das Grundthema für 50 Jahre seines plastischen und zeichnerischen Arbeitens. Bereits 1994 wurde Bernhards Werk unter dem Titel *Köpfe und Skulpturen* in Marl gezeigt. Sein Tod 2013 riss ihn schließlich aus seinem aktiven Arbeitsprozess heraus. So soll heute, über 20 Jahre später, in der aktuellen Ausstellung mit dem Fokus auf die anthropomorphe Figur ein frischer Blick auf seine Skulpturen und Zeichnungen geworfen werden.
Die Gestalt des Menschen aus Körper, Gliedmaßen und Kopf stellt für Bernhard das verfügbare Dispositiv dar. Dazu gehört wie selbstverständlich auch das Weglassen, also der Grundtyp des Torsos ohne Beine, Arme oder Kopf oder die Gestaltung nur eines Teils des Körpers wie die Büste. Hier ist der Oberkörper mit Armansatz und zusammengezogenem Hals-Kopf als eine häufig variierte vertikal gezogene Form aufgefasst. Für den ungeübten Betrachter erfordert es oftmals einiges an Fantasie, um daraus assoziativ menschliche Formen zu erfassen. Elementare Strukturen der menschlichen Anatomie bleiben erkennbar, doch geht es Bernhard nicht um eine abbildhafte Nähe zum Naturvorbild. Fragmente stehen in seinem Werk nicht als Ausdruck von Verletzungen oder schmerzhaften Amputationen, sondern für den Versuch, mit sorgfältig hergestellten Gebilden eine eigene Botschaft

Foreword

Wood, Iron, and the Human Figure in the Work of Franz Bernhard

Who would deny that certain trends in art are subject to fashion and the zeitgeist, and that they increasingly appear to supersede one another? An undisputed turning point in history is marked by the Second World War, while the break with lines of tradition in art came much later. The 1960s led to the worldwide triumphal march of abstraction, which had already begun in the early twentieth century, as well as to the emergence of theoretically founded Conceptualism, which transformed the very foundations of visual art. The sculptor Franz Bernhard was strongly influenced by the guiding principles of the concomitant reduction of forms, which would determine his entire oeuvre. For fifty years, man and the human figure were the basic theme of his sculptures and drawings. As early as 1994, Bernhard's work was exhibited under the title *Heads and Sculptures*. His death in 2013 tore him from his active working process. Today, more than twenty years after the aforementioned exhibition, the current presentation focuses on the anthropomorphic figure and takes a fresh look at his sculptures and drawings.
For Bernhard, the human figure – comprised of body, limbs, and head – represents the available disposition. This also naturally included omissions, that is to say the basic form of the torso without legs, arms, or a head, or the configuration of only parts of the body, such as a bust. Here, the upper torso with the base of the arms and a constricted neck-head is understood as an often varied, vertically elongated form. For the inexperienced viewer, it often requires a great deal of imagination to associate human forms from this. Elementary structures of the human anatomy remain recognisable, despite the fact that Bernhard was not interested in an illustrative proximity to a natural model. In his work, fragments are not intended as an expression of wounds or

über den Menschen zu formulieren. Bernhard beharrt, wie von Wolfgang Rothe im Werkverzeichnis der Skulpturen dokumentiert, auf einer engen Verbindung zum Menschen als Ausgangspunkt seiner Arbeit: „Ausgangspunkt meiner Figuren ist der Mensch. Es geht mir nicht um das Erarbeiten eines Abbildes, sondern um die Realisation eines Bildes. Das Abbild ist ganz vom Vorbild abhängig und an ihm meßbar. Seine Existenz wird durch das Vorbild bedingt. Das Bild lebt aus sich selbst. Das Abbild beruft sich auf seine Ähnlichkeit mit dem Vorbild. Das Bild ist – dinghaft – autonom." Haltungen des menschlichen Körpers wie Sitzen, Lehnen, Stehen oder Kriechen wurden von Bernhard mit charakteristischen Verknappungen in seine bevorzugten Materialien übersetzt: Holz und Eisen. Die handwerkliche Ausführung ist dabei immer eigenhändig – mit den Werkzeugen einer guten Schreiner- und Schlosserwerkstatt statt industrieller Fertigungsmethoden, die den Charakter seiner Skulpturen unweigerlich verändert hätten. Der Bildhauer Bernhard gewinnt seine Formen durch ein konstruierendes Zusammenfügen blockhafter Materialien, die in der weiteren Bearbeitung wieder teilweise abgetragen oder partiell ersetzt werden. Die Überformung des Materials bewahrt die jeweiligen charakteristischen Eigenschaften; die Werkzeugspuren bleiben erkennbar und werden nicht zum Verschwinden gebracht, die Fugen nicht ausgefüllt und die Schweißnähte nicht abgeflext. Auf diese Weise bleibt der Herstellungsprozess transparent, ohne die Einheit des Werkes zu schwächen. Die nicht versiegelten Metallflächen setzen Rost an, den Bernhard als Farbe des Materials bewusst kalkuliert. Am Holz setzt er dagegen sehr sparsam natürliche Pigmente wie Erde und Kalk zur farblichen Akzentuierung und Betonung der Struktur des Materials ein. Der Arbeitsprozess ist ruhig und eher langsam, skrupulös-suchend und immer wieder neu ansetzend.

painful amputations but rather represent the artist's attempt to formulate his own statement about humankind with the help of carefully constructed forms. As Wolfgang Rothe documents in the catalogue raisonné of sculptures, Bernhard insisted upon a close connection to man as the starting point of his work: 'The starting point of my figures is man. I am not interested in creating a simulacrum, but rather in the realisation of an image. The simulacrum is entirely dependent on the model and is measured on the basis of this. Its very existence is contingent upon the model. An image exists on its own. The simulacrum draws on its similarity with the model. The image is – tangibly – autonomous.' With his characteristic stringency, Bernhard translates postures of the human body, such as sitting, standing, or crouching, using his preferred materials: wood and iron. The workmanship is always carried out by the artist himself – with the tools of a well-equipped carpentry and locksmith workshop instead of industrial production methods, which would have inevitably altered the character of his sculptures. As a sculptor, Bernhard obtains his forms by means of a constructive assembling of block-like materials, which are then partially hewn or in some cases replaced. The reshaping of the material preserves its respective characteristic features: the tool marks remain visible and are not made to disappear, the joints are not filled in, and the welding seams not flexed flush. In this way, the production process remains transparent, without undermining the unity of the work. The unsealed metal surfaces begin to rust, a process that Bernhard consciously calculates as the colouration of the material. By way of contrast, with wood, he sparingly uses natural pigments, such as earth and lime, to set colour accents and emphasise the structure of the material. The working process is calm and slow, scrupulously seeking and continuously started over.

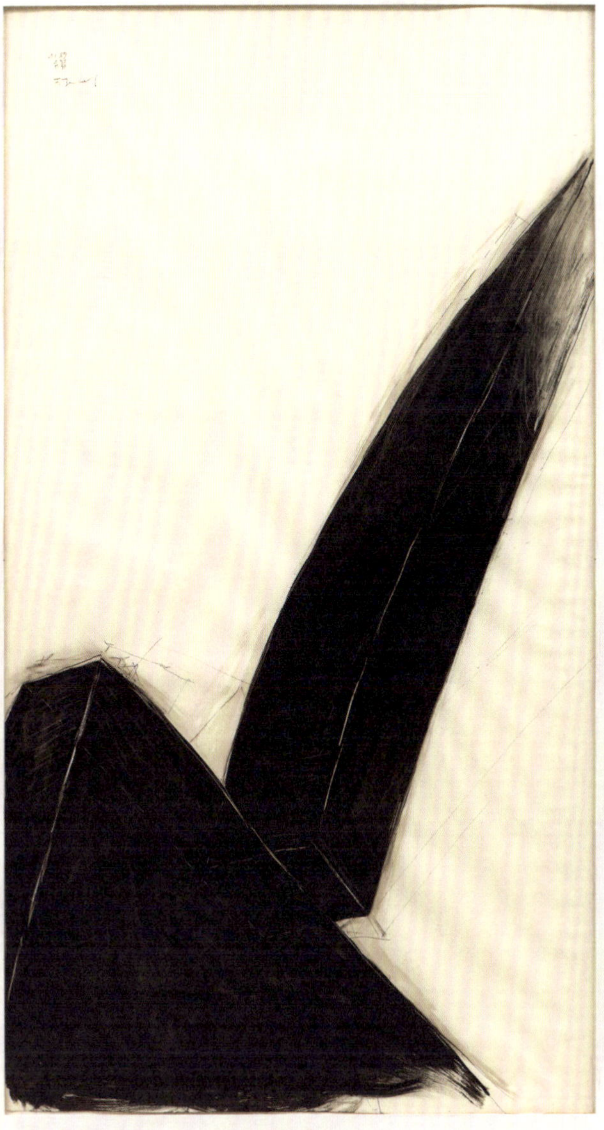

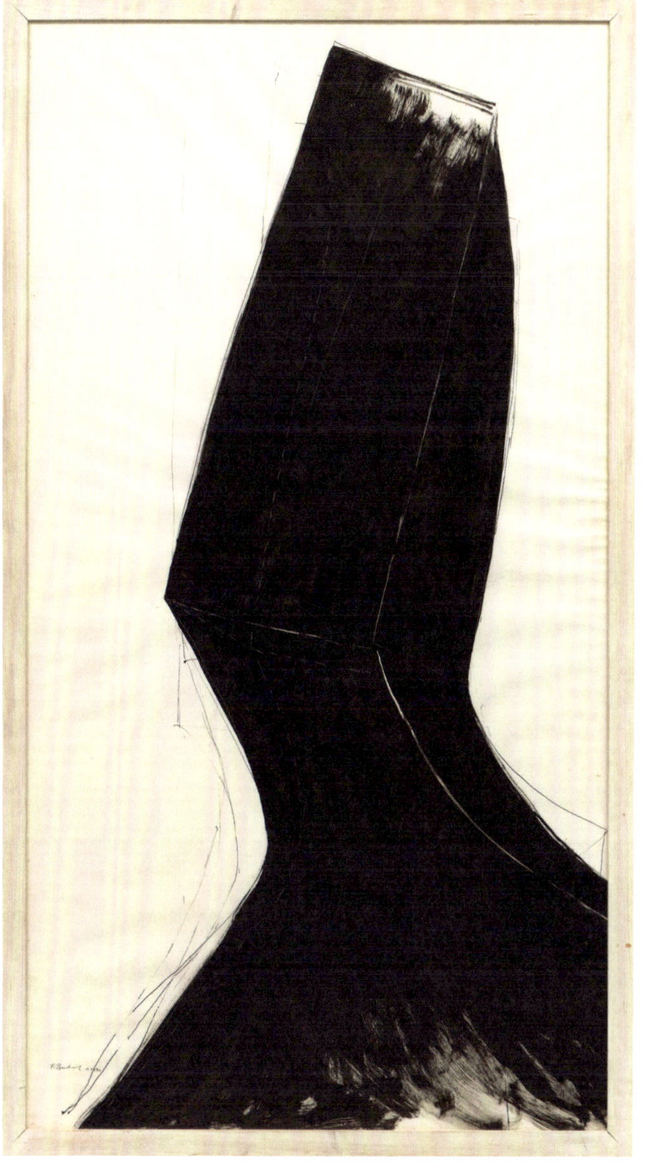

Das Werk von Franz Bernhard hat sich stetig entwickelt und ohne große Brüche im unnachgiebigen Ringen um neue Lösungen für lange verfolgte Formprobleme unter Verzicht auf alles Beiläufige vollzogen. Da anhand seines fertigen Werks nicht immer direkt ersichtlich ist, wie genau der Bildhauer mit dem Werkstoff Holz umging, ergänzt das Video von Stefan Schell auf aufschlussreiche Weise, wie präzise die Eingriffe des Künstlers erfolgen und wie sich dabei subtil die Erscheinung des Materials wandelt und die Entwicklung von einer einfachen Holzkonstruktion hin zu einem Wesen aus eigenem Recht vollzieht. Bernhards Skulpturen sind an das menschliche Maß angepasst, mit Ausnahme von einigen am Boden liegenden Holzklötzen, die bis zu 100 Kilogramm schwer sind und die der Künstler als „Köpfe" bezeichnete. Durch diese nachvollziehbare Maßstäblichkeit ist es dem Betrachter möglich, eine unmittelbare Beziehung zu den Objekten aufzubauen – sie sind ein direktes Gegenüber, sie schauen gewissermaßen zurück.

The work of Franz Bernhard developed seamlessly, without major breaks in the unrelenting struggle for new solutions to long-pursued formal problems, dispensing with everything deemed incidental. Since the finished work does not always immediately reveal how the sculptor dealt with the wood as a raw material, the video by Stefan Schell sheds light on how precisely the interventions of the artist are carried out, how subtly the appearance of the material changes in the process, and how the development from a simple wood construction to a being in its own right takes place. Bernhard's sculptures are adapted to the human scale – with the exception of several wooden blocks, which lie on the floor and can weigh up to one hundred kilograms, and which the artist himself described as 'heads'. As a result of this comprehensible human scale, the viewer is able to establish a direct relationship with the objects – they are his or her immediate vis-à-vis, which gaze back at the viewer, so to speak.

Die monumentalen Zeichnungen von etwa zwei mal ein Metern, mit denen Franz Bernhard in den 1990er-Jahren begann und von denen die Marler Ausstellung acht zeigt, sind vollkommen eigenständige Zeichnungen des Bildhauers und keineswegs vorbereitende Skizzen für sein dreidimensionales Werk. Die Sujets bewegen sich jedoch dicht an den Plastiken, sodass zwischen beiden Medien eine große Nähe entsteht. An den kleineren Zeichnungen lässt sich anhand mehrerer Datierungen oft über einige Jahre nachvollziehen, wie lange Bernhard immer wieder an einem Blatt gearbeitet hat, bis er zufrieden und die Zeichnung abgeschlossen war. Erst dann setzte er seine Signatur auf das Zeichenblatt. Monumentalität ist nicht unbedingt eine Frage der Größe, aber die türgroßen Formate der Zeichnungen generieren eine ganz besondere Präsenz und fokussieren seine Thematik wie in einer zusammenfassenden Verdichtung. Die zwei schwarzen Kopf-Zeichen im Durchgang am Fenster im Untergeschoss des Skulpturenmuseums, die durch zwei kleinere am Boden aufgestellte Köpfe ohne Sockel noch beherrschender wirken, demonstrieren die große Wirkmächtigkeit von Bernhards Zeichnungen (Abb. S. 9 und S. 58/59). Angeschnitten die linke, blockhaft eine Büste auf der rechten Seite, mit dünnen weißen Konturlinien und einem nicht deckenden Auslaufen der schwarzen Farbe am unteren Bildrand und ganz oben an der rechten Kopfecke, zeigen sie die ganze Konzentration und künstlerische Qualität auch des Zeichners Franz Bernhard.
Für die Marler Ausstellung konnte mit der fast sechs Meter hohen und rund sieben Tonnen schweren Skulptur aus COR-TEN-Stahl mit dem Titel *Schlanke Büste* aus dem Jahr 2008 eine der letzten monumentalen Werke Bernhards als Dauerleihgabe aufgestellt werden (Abb. S. 6). Sie steht nun als grüßender Wächter in der Nähe der ehemaligen Schule an der Kampstraße, in die das Skulpturenmuseum gemeinsam mit Teilen der insel-Volkshochschule und der Bibliothek umziehen soll. Dieses Werk von Franz Bernhard

The monumental drawings measuring roughly two by one metres, with which Franz Bernhard began in the 1990s and of which eight are being presented in the exhibition in Marl, are completely autonomous works by the sculptor and in no way preparatory sketches for his three-dimensional objects. The subjects are, however, closely related to those of the sculptures, so that a close proximity is established between the two media. The multiple dating of smaller drawings over the span of several years often reveals how long Bernhard worked on a single composition until he was satisfied and deemed the drawing to be complete. Only then would he sign the work. Monumentality is not necessarily a question of dimensions, but the door-sized formats of the drawings generate a very special presence and focus his theme as though in a summary densification. The two black head drawings in the passage along the window in the lower level of the museum, juxtaposed with two smaller heads positioned on the floor without plinths, appear that much more dominant and thus demonstrate the great potency of Bernhard's works on paper (figs. p. 9 and p. 58/59). Cropped on the left, and with a block-like bust on the right side, with thin white contour lines and an opaque flow of black paint along the lower edge and at the right corner of the head in the upper section of the composition, they reveal the full concentration and artistic quality of Franz Bernhard as a draughtsman.
With *Slender Bust* from 2008, a nearly six-metre-high sculpture of COR-TEN steel weighing roughly seven tons, one of Bernhard's last monumental works could be won for Marl, both for the exhibition and as a long-term loan (fig. p. 6). It now stands as a greeting guardian near the former school in Kampstrasse, into which the Skulpturenmuseum will move, together with sections of the adult education centre 'die insel' and the library. This work by Franz Bernhard stands proxy for the extensive group of monumental sculptures in public spaces, which the artist had produced in a shipyard in Speyer. Here, it was he who determined the degree of perfection – or, from the perspective of the shipbuilders, the degree of imperfect workmanship – of the welding work in order to

steht für die umfangreiche Gruppe von monumentalen Skulpturen im öffentlichen Raum, die der Künstler in einer Schiffswerft in Speyer realisieren ließ. Dabei bestimmte er genau den Grad der Perfektion – aus Sicht der Schiffsbauer besser: den Grad der nicht perfekten Ausführung – der Schweißarbeiten, um eine adäquate Umsetzung seiner kleineren, im Atelier allein gefertigten Werke zu erreichen. Der blockhafte, komposite Aufbau und die monumentale Wirkung auch seiner kleineren Arbeiten lassen es zu, dass sich das große Format nahtlos in sein Œuvre einreiht. Die *Schlanke Büste* aus konstruktiv ineinander verbundenen Schulter- und Kopfelementen bildet zunächst aus der Ferne ein anthropomorphes Zeichen und überrascht beim Näherkommen als elegante, geradezu realistische Kontur, die den Betrachter in der direkten Ansicht schließlich durch ihre Dimension und Masse einzuschüchtern vermag. Trotzdem bleibt der Riesenkopf menschlich. Das Zusammenspiel von Werk und Umfeld wird sich ändern, wenn die Wiese des abgerissenen Hallenbads, auf dem sie steht, neu bebaut wird. Aber schon jetzt lässt sich sicher sagen, dass sie die Topografie am neuen Standort des Skulpturenmuseums überzeugend mitbestimmen wird.
In der Marler Ausstellung wird das Œuvre von Franz Bernhard wie in einem Zirkelschluss gezeigt, von der Werkverzeichnisnummer 1, dem Torso, der zunächst aus Gips moduliert, dann aus Marmor gehauen und später in Bronze gegossen wurde, bis zu seinem unvollendeten Werk, das fast zwei Jahrzehnte lang wie ein Wächter an der Schwelle vor seinem Atelier in Jockgrim stand. Diese unvollendet gebliebene Skulptur hat sowohl von ihrer Erscheinung her als auch durch die Platzierung vor der Werkstatt etwas Geisterabwehrendes (Abb. nächste Seite). Es scheint fast, als hätte Franz Bernhard sich gescheut, sie fertigzustellen. Auf eine gefundene massive Bodenplatte mit einer die Rutschgefahr verringernden Riffelung hat er ziemlich kühn ein vertikales Fundstück geschweißt, das als Träger für einen massiven Balken dient, der mit vier Schraubzwingen gesichert ist.

achieve an adequate translation of his smaller works, which he produced by himself in his studio. The block-like, composite construction and the monumental effect which also characterises his smaller works facilitate the seamless integration of the large format into his oeuvre. From a distance, the *Slender Bust,* comprised of constructively interlinked shoulder and head elements, forms an anthropomorphic sign; when the viewer approaches, it then surprises with its elegant, downright realistic contour, which, when viewed straight on, veritably intimidates through its sheer dimension and mass. The gigantic head nevertheless remains human. The interplay between the work and its surroundings will change when the lawn of the demolished indoor swimming pool, on which it now stands, is redeveloped. But already now, it can be safely said that it will convincingly co-determine the topography on the new site of the Skulpturenmuseum.
In the exhibition in Marl, Franz Bernhard's oeuvre is being presented as a circular reasoning: from catalogue raisonné no. 1, the torso – initially modelled in plaster, then carved in marble, and later cast in bronze – to his unfinished work, which stood for nearly two decades like a guardian at the threshold to his studio in Jockgrim. Both in its physical appearance and as a result of its placement in front of the artist's workshop, this unfinished sculpture seems to possess the power to ward off evil spirits (fig. next page). It almost appears as though Franz Bernhard shied away from completing it. Onto a massive found baseplate with anti-slip fluting, he audaciously welded a vertical found element, which serves as a support for a vast beam secured by four screw clamps. Several untreated, dark-coloured boards project upwards. In comparison with other sculptures, it is completely clear that this work is unfinished; despite or perhaps

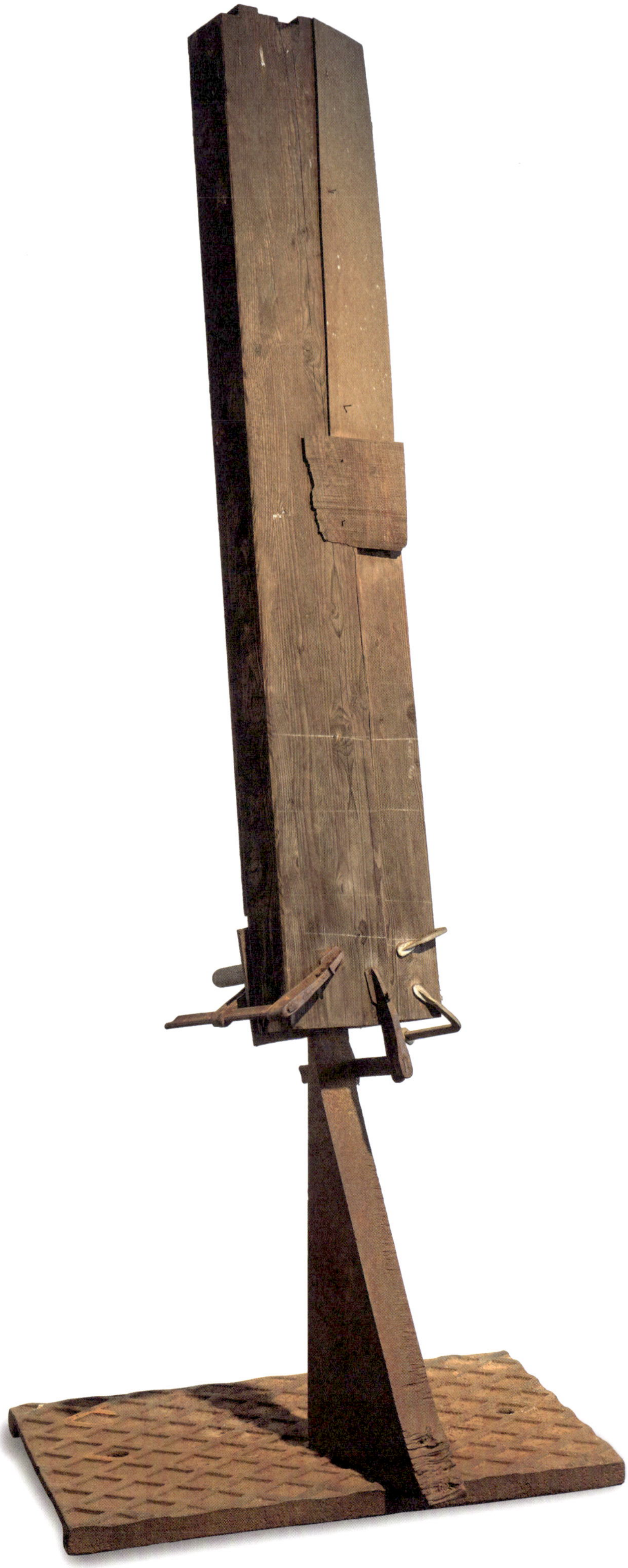

Weit nach oben ragen einige vom Wetter dunkel gefärbte Bretter, die nicht weiter behandelt sind. Im Vergleich mit anderen Skulpturen ist völlig klar, dass diese nicht fertig bearbeitet wurde, trotzdem oder vielleicht gerade deswegen hat sie eine ungeheure Präsenz.
Es ist überhaupt nicht einfach, eine Ausstellung zu konzipieren, in der ein halbes Jahrhundert künstlerischer Schaffenszeit nachvollziehbar werden soll – auch wenn diese Retrospektive mit rund 50 Skulpturen und Zeichnungen den ganzen Zeitraum abdeckt. Gernot Eichler, an der Karlsruher Akademie einst Studienfreund von Franz Bernhard, hat mit viel Einfühlungsvermögen mitgeholfen, eine stringente Auswahl zu treffen und sie im Skulpturenmuseum Glaskasten zu einer die ganze Vielfalt spiegelnden Ausstellung im Raum zu verteilen, wofür ich ihm sehr zu Dank verpflichtet bin. Ein Großteil der Leihgaben stammt aus dem Nachlass des Künstlers, und ich bin seiner Witwe Lucia Bernhard sehr dankbar, dass sie allen Leihwünschen zugestimmt hat. Besonders bedanken möchte ich mich bei Andreas Schell, der die Ausstellung großzügig unterstützt und ebenfalls mit vielen Leihgaben aus dem Bestand der Andreas C. H. Schell-Stiftung maßgeblich zu ihrem Gelingen beigetragen hat. Durch seine Stiftung, die noch in diesem Jahr eigene Räume in einer Verbindung von Ausstellungsfläche und Schau-Lager in Karlsruhe eröffnen wird, konnte dieser Katalog in enger Abstimmung mit Michael Wienand und Rosa Baumgartner vom Wienand Verlag realisiert werden. Sehr danken möchte ich auch Gesa Bartholomeyczik für ihren inspirierenden Katalogbeitrag und Achim Kukulies für die exzellente fotografische Dokumentation der Ausstellung. Das gemeinsame Ziel von Ausstellung und Katalog sowie aller Beteiligter ist es, den Künstler Franz Bernhard und sein zutiefst humanistisches Werk wieder für die kunstinteressierte Öffentlichkeit sichtbar werden zu lassen und seinem künstlerischen Anspruch und seiner Rezeption zu Lebzeiten gerecht zu werden.

Georg Elben

precisely because of this fact, it has a tremendous presence.
It is not easy to conceive an exhibition in which half a century of artistic creativity is to be made comprehensible – although with roughly fifty sculptures and drawings, this retrospective covers the entire period in question. With great sensitivity, Gernot Eichler, a friend of Franz Bernhard from their days at the academy in Karlsruhe, helped to make a stringent selection of works and to place these throughout the Skulpturenmuseum Glaskasten to create an exhibition that reflects the entire spectrum of Bernhard's oeuvre. For this, I am extremely grateful. The majority of the loans come from the artist's estate, and I am very thankful to his widow, Lucia Bernhard, for granting all our loan requests. I am especially grateful to Andreas Schell, who has generously supported the exhibition and has also contributed considerably to its success through numerous loans from the holdings of the Andreas C. H. Schell Foundation. Through the support of his foundation, which will inaugurate its own building combining exhibition space and a 'Schaulager' (open repository) later this year, we were able to produce this catalogue in close cooperation with Michael Wienand and Rosa Baumgartner from Wienand Verlag. I am also grateful to Gesa Bartholomeyczik for her inspiring catalogue essay and to Achim Kukulies for the excellent photographic documentation of the exhibition. The common goal of both the exhibition and the catalogue, as well as of all those involved, is to make the artist Franz Bernhard and his profoundly humanistic work once again visible for the art-loving public and to do justice to both his artistic aspirations and his reception during his own lifetime.

Georg Elben

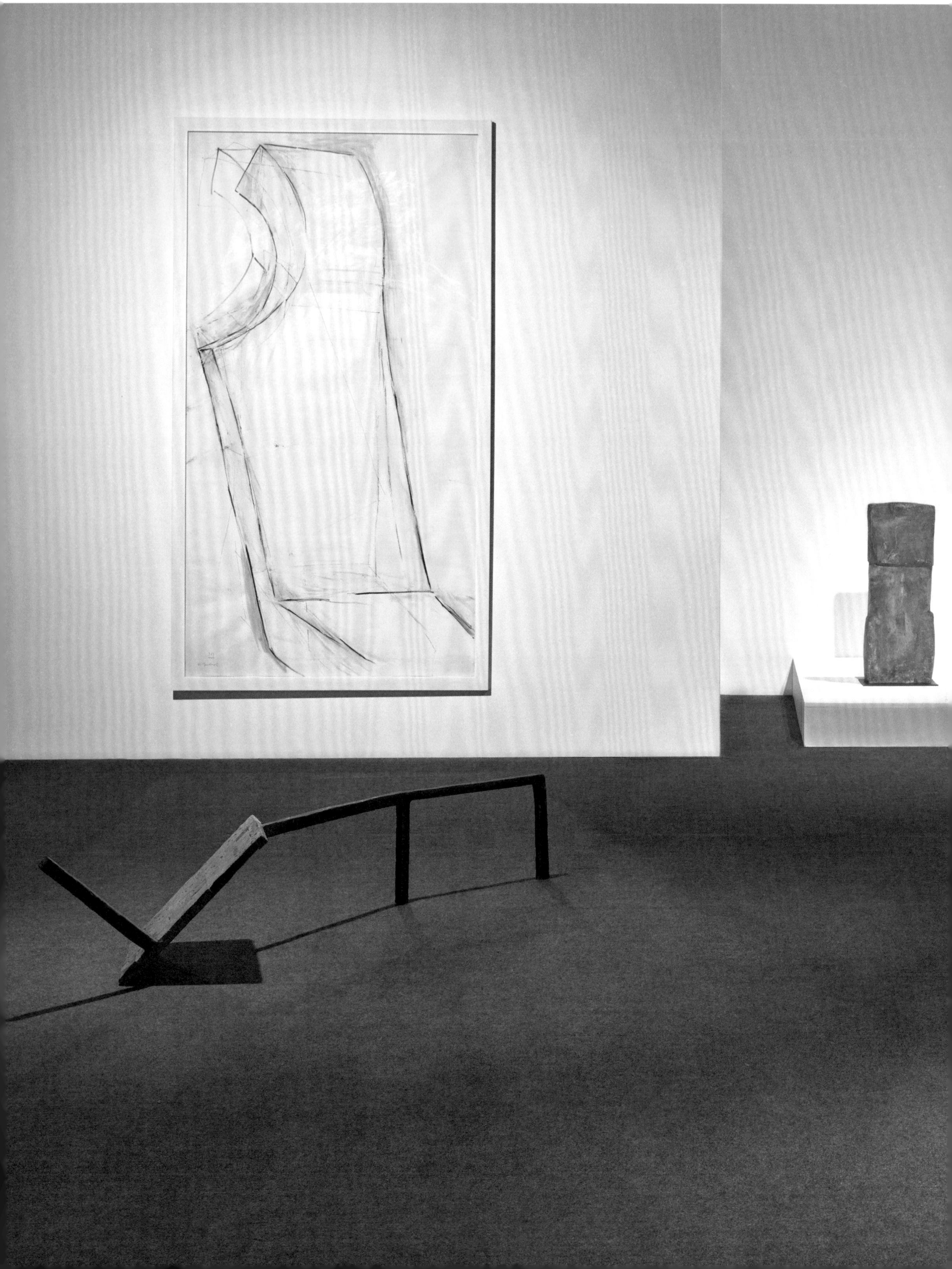

Geleitwort

Franz Bernhard hat in über 50 Jahren der Auseinandersetzung mit der menschlichen Existenz ein prägnantes, eigenständiges Bild des Menschen entwickelt. Seine Werke sind anthropomorphe Zeichen. Sie entfalten in ihrer Materialität, als Dinge, ihre Kraft in den Raum. Trotz ihres konzentrierten Bei-sich-Seins, werden sie zum Gegenüber und treten in den Dialog. Die Ruhe, die sie ausstrahlen, ist eine den labilen Zuständen des Lebens abgerungene Ruhe. Diese Arbeiten berühren mich.

Aus diesem Berührt-Sein ist eine umfangreiche Sammlung von Werken des Bildhauers und Zeichners Franz Bernhard entstanden. Um diese dauerhaft der Öffentlichkeit zugänglich zu machen, wurde 2012 die Andreas C. H. Schell-Stiftung gegründet. Neben der Präsentation der Arbeiten in eigenen Räumen in Karlsruhe, stellt die Stiftung ihre Sammlung für Ausstellungen zur Verfügung. Sie fördert die wissenschaftliche Auseinandersetzung mit dem Werk und unterstützt Publikationen zu Franz Bernhard.

Fünf Jahre nach dem Tod von Franz Bernhard wird mit der Retrospektive im Skulpturenmuseum Glaskasten Marl ein in dieser Werkspanne bisher einmaliger Überblick über das Schaffen des Künstlers gegeben. Möglich wurde das durch die Leihgaben aus den privaten Sammlungen von Lucia Bernhard, Gernot Eichler und der Andreas C. H. Schell-Stiftung.

Besonderen Dank spreche ich Georg Elben aus, der aufgrund seines Interesses für das Werk Bernhards der Ausstellung Raum gegeben hat. Mit großer Begeisterung hat er den Fundus der Sammlungen genutzt und zusammen mit Gernot Eichler diese Ausstellung konzipiert. Ebenso gilt mein Dank dem gesamten Team des Museums, das mit großem Engagement und Freude alles praktisch Notwendige geleistet hat.

Gernot Eichler ist als Studienkollege des Künstlers mit dem Werk und seiner Entstehungsgeschichte bestens vertraut.

Preface

During more than fifty years of exploring human existence, Franz Bernhard developed a striking, autonomous image of man. His works are 'anthropomorphic signs'. In their materiality, as 'things', they unleash their power into the space. Despite their concentrated 'being with themselves', they become a corresponding entity and enter a dialogue. The tranquillity that they exude is a tranquillity which has been wrested from the unstable states of life. These works touch me.

This 'being touched' has led to a comprehensive collection of works by the sculptor and draughtsman Franz Bernhard. The Andreas C. H. Schell Foundation was established in 2002 to make these works available to the public on a permanent basis. In addition to the presentation of the works in a dedicated space in Karlsruhe, the foundation also lends works from the collection to exhibitions. It promotes scholarly discourse with his oeuvre and supports publications dedicated to Franz Bernhard.

Five years after the death of Franz Bernhard, the retrospective in the Skulpturenmuseum Glaskasten Marl provides a uniquely comprehensive survey of the artist's oeuvre. The extensive range of works on view has been made possible by loans from the private collections of Lucia Bernhard, Gernot Eichler, and the Andreas C. H. Schell Foundation.

I am especially grateful to Georg Elben, who, because of his own interest in the work of Bernhard, provided space for this exhibition. With great enthusiasm, he sifted through the resources of the above-mentioned collections and conceived the exhibition in collaboration with Gernot Eichler. Thanks are also due to the entire team at the museum, who saw

Durch seine Initiative sind bereits zahlreiche Ausstellungen angebahnt und umgesetzt worden. Vielen Dank für den unermüdlichen Einsatz.
Mit diesem Katalog zur Ausstellung ist ein gelungener dauerhafter Einblick in das Werk von Franz Bernhard entstanden. Vielen Dank an den Verleger Michael Wienand und sein Verlagsteam für die mehr als engagierte Arbeit.
Sehr danken möchte ich Gesa Bartholomeyczik für ihre Bereitschaft, für diesen Katalog einen gekürzten Ausschnitt ihrer umfangreicheren wissenschaftlichen Arbeit zu Franz Bernhard zur Verfügung zu stellen. Der vollständige Text wird in einer späteren Publikation veröffentlicht.
Durch die Filmdokumentation von Stefan Schell ist ein weiterer eigenständiger Zugang zur Ausstellung möglich geworden. Dafür und für alle Unterstützung im Zusammenhang mit der Ausstellungsvorbereitung möchte ich meinen großen Dank aussprechen. Der Filmbeitrag kann unter www.AndreasCHSchell-Stiftung.de abgerufen werden.
Besonders danken möchte ich Lucia Bernhard, ohne deren in jeder Hinsicht großzügige Unterstützung die Ausstellung in dieser Form nicht möglich gewesen wäre.

Andreas C. H. Schell

to all the necessary practical aspects of the exhibition with great dedication and pleasure. Having studied together with Bernhard, Gernot Eichler is well acquainted with his oeuvre and its genesis. Numerous exhibitions have already taken place due to his initiative. Thank you for your untiring commitment.
This exhibition catalogue provides lasting insight into the work of Franz Bernhard. My thanks go to the publisher Michael Wienand and his team for their highly committed efforts.
Sincere thanks are also due to Gesa Bartholomeyczik for making an abridged version of her comprehensive scholarly work on Franz Bernhard available for this catalogue. The complete text will be published at a later date.
The film documentation by Stefan Schell provides further, autonomous access to the exhibition. For this, as well as for all his support in connection with the preparations for the exhibition, I would like to express my immense gratitude. The film can be viewed on demand at www.AndreasCH-Schell-Stiftung.de.
Finally special thanks go to Lucia Bernhard, without whose generous support at all levels the exhibition would not have been possible in this form.

Andreas C. H. Schell

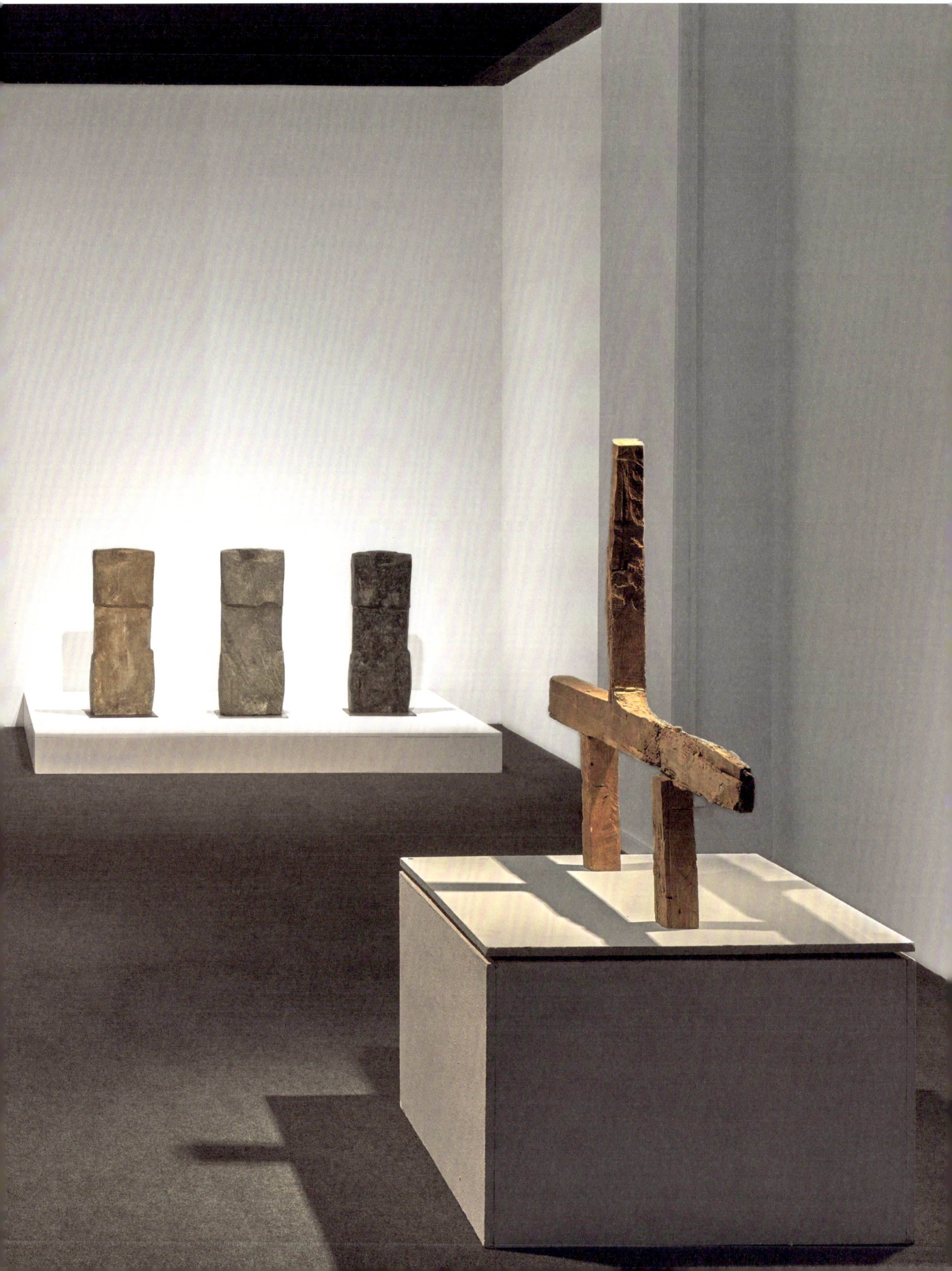

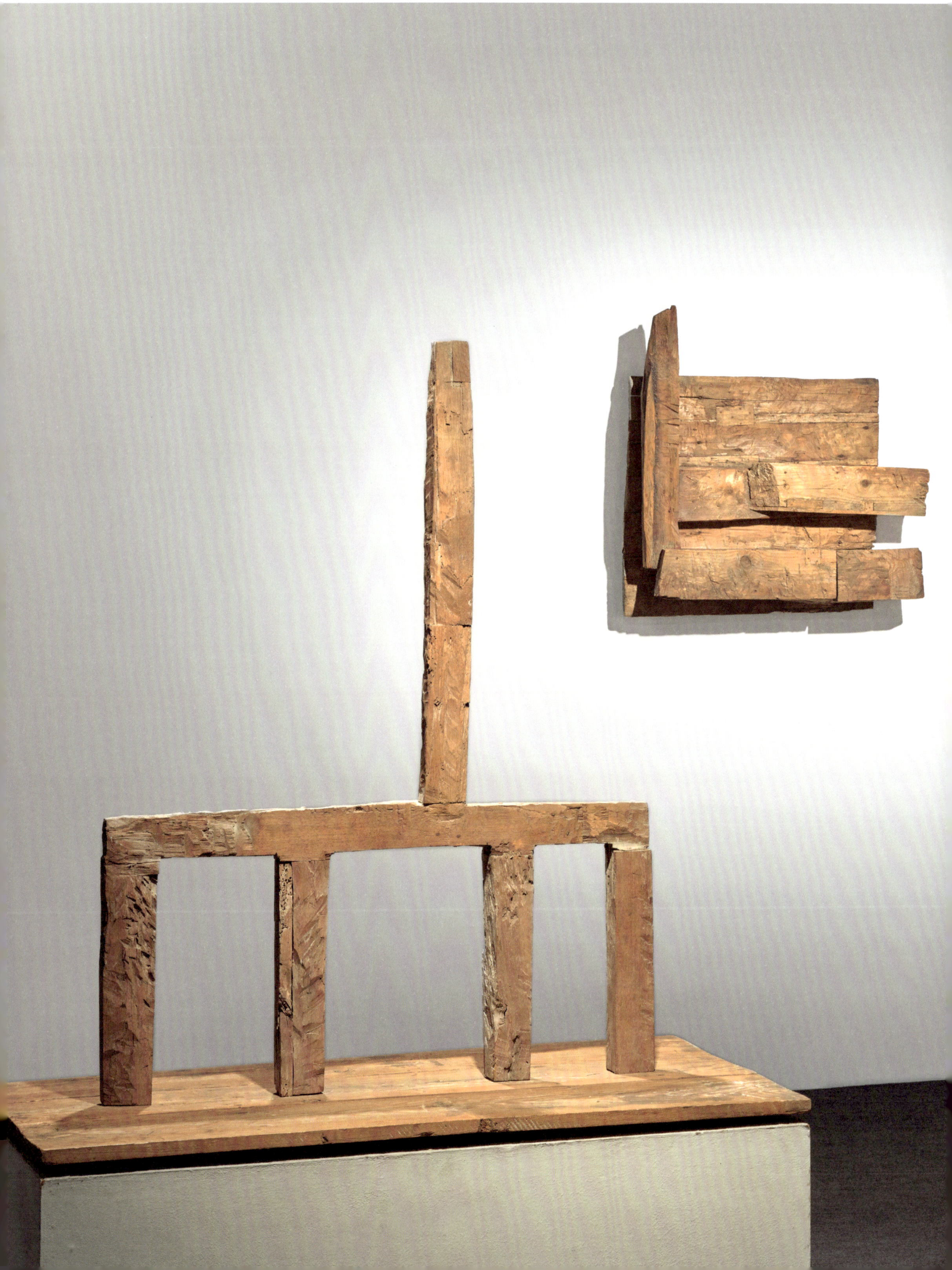

FRANZ BERNHARD
Ding und Menschenbild

Gesa Bartholomeyczik

Der 1934 im tschechoslowakischen Neuhäuser geborene Franz Bernhard war im deutschen Kunstgeschehen kein Künstler, der durch Provokationen auffiel oder mit neuartigen Medien und Materialien Aktualität erheischte. Aber seit den späten 1960er-Jahren war er eine wichtige Stimme in einer beachtenswerten Bildhauereitradition, die am Einzelwerk als verdichteter künstlerischer Aussage festhielt. So unabhängig und unbeirrt er sein Werk über die Jahrzehnte vorantrieb, war er doch nicht isoliert in seinen Bestrebungen. Vielfach berührten sich seine Problemstellungen mit zeitgenössischen Tendenzen, ohne jedoch Abhängigkeiten zu erzeugen.
In der mittleren Generation der Künstler nach dem Zweiten Weltkrieg, die wie Franz Bernhard nicht nur auf die Vorkriegsmoderne, sondern auch auf die ersten Entwicklungen der Nachkriegskunst reagierte, gibt es einige, die ihm in der grundlegenden Strategie vergleichbar sind. Ihnen geht es darum, das Paradox anzuvisieren, eine Analogie zur menschlichen Figur und doch autonome Formen zu gestalten und damit ein existenzielles Inbild zu geben. Beispielhaft seien hier Joannis Avramidis, Michael Croissant, Fritz Koenig, Wilhelm Loth, Michael Schoenholtz, Hans Steinbrenner, Erwin Wortelkamp oder Fritz Wotruba genannt. Ihre Suche geschieht in dem Bewusstsein, dass keine eindeutige Wesensbestimmung als allgemeines Menschenbild mehr möglich erscheint. Viele dieser Künstler greifen dazu auf konstruktive, geometrische und architektonische Strukturen zurück und alle auf sehr weit gehende Reduktion. Die Paradoxie besteht darin, dass sich die Werke scheinbar vollständig einer über sie hinausgreifenden Deutung entziehen, aber dennoch dem Betrachter figürliche Assoziationen und Einfühlung ermöglichen. Unter ihnen hebt sich Franz Bernhards Position durch den ausgeprägten Raum- und Bewegungsbezug und die sorgfältig herausgearbeitete Materialerscheinung hervor, die jeder seiner Arbeiten einen individuellen „menschlichen" Charakter verleihen.

FRANZ BERNHARD
Things and the Image of Man

Born in Neuhäuser (Nová Chalupy, Czechoslovakia), in 1934, Franz Bernhard was not an artist who drew attention to himself within the German art scene through provocations or forced a sense of topicality through the use of innovative media and materials. From the late 1960s, however, he was an important voice within a remarkable sculptural tradition which adhered to the notion of the individual work as a condensed artistic statement. Although, over the decades, he independently and imperturbably pushed forward with his work, he was not isolated in his endeavours. Many of his issues touched on contemporary trends – without, however, creating dependencies.
Among the middle generation of artists after the Second World War, who, like Franz Bernhard, reacted not only to pre-war modernism but also to the initial developments of post-war art, there are several others who are comparable to him in terms of their basic strategies. They set out to solve the paradox of providing an analogy to the human figure and yet composed autonomous forms and, with this, an existential ideal. Prime examples of this strategy can be found in the works of Joannis Avramidis, Michael Croissant, Fritz Koenig, Wilhelm Loth, Michael Schoenholtz, Hans Steinbrenner, Erwin Wortelkamp, and Fritz Wotruba. They conducted their search in the knowledge that an unambiguous determination of essence as a universal image of man no longer seems possible. Many of these artists resorted to constructive, geometric, and architectonic structures, and all of them practiced a strategy of extensive reduction. The paradox lies in the fact that the works seem to completely eschew any interpretation that goes beyond themselves and yet, at the same time, allow viewers to invoke their own figurative associations and empathy. Among these, Franz Bernhard's positions stand out due to their distinct reference to space and movement, as well as to their carefully developed material presence, which lends each of his works an individual, 'human' character.

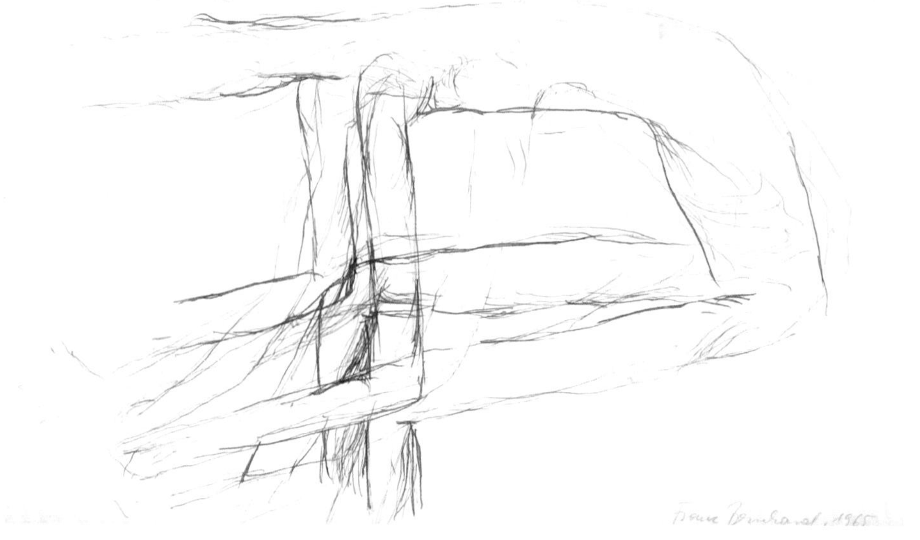

Franz Bernhard,
Zeichnung, 1963–65

Grundlegung des Werks

Der 1960 entstandene *Torso* (Abb. S. 16) ergab sich noch deutlich sichtbar aus der abstrahierenden Vereinfachung von Figürlichem, wobei organische Lebendigkeit durch das weiche Modellieren der Oberfläche vermittelt wird. Dagegen setzte Bernhard jedoch die kantige Tektonik des Blockes und das (scheinbare) Übereinanderstapeln zweier Blöcke, sodass sich der figürliche Eindruck und die Betonung der architektonischen Struktur die Waage halten.

Bei zwei *Büsten* (Abb. S. 18 und 39) kommt Bernhard wenige Jahre später zu einer radikalen Neufassung des Themas, indem er das Figürliche ausschließlich auf das architektonische Gerüst von Vertikalen und Horizontalen reduziert. Die gebauten Richtungen und Asymmetrien stehen nur noch zeichenhaft für Haltung und individuellen Ausdruck. Auch Zeichnungen aus den Jahren 1963 bis 1965 setzen sich mit der Aktfigur und ihrer Verwandlung in tektonische Strukturen und blockhafte Formen auseinander (Abb. S. 20). Reliefs aus der gleichen Zeit verarbeiten solche Zeichnungen in plastische Bewegungsstudien aus vorgeformten Holzteilen (Abb. S. 35). Neben die abstrahierende Herleitung vom Figürlichen trat damit grundlegend die umgekehrte Richtung: die Erarbeitung von Körperbildern aus den konstruktiven Strukturen. Die Skulpturen zeigen nun anstelle von scheinbar aus dem Inneren bewegten Oberflächen die Spuren des Holzwachstums, der Verwitterung, der handwerklichen Eingriffe und einiger Übermalungen – eine individuelle „Haut", die ihre Geschichte, Verletzungen und Heilungen vorzeigt. Einzelne Verlängerungen der tektonischen Elemente bewirkten dann bei der *Büste III* und der *Ganzfigur L* (Abb. S. 44) die letzte

Foundation of the Work

The *Torso* created in 1960 (fig. p. 16) clearly resulted from the abstracting simplification of the figure, where organic vitality is conveyed through the supple modelling of the surface. Bernhard counteracted this, however, with the angular tectonics of the block and the (ostensive) stacking of two blocks, so that the figural impression and the emphasis on the architectonic structure are evenly balanced.

A few years later, Bernhard radically reformulated this theme with two *Busts* (figs. pp. 18 and 39), in which he reduced the figurative moment solely to an architectonic framework of verticals and horizontals. The constructed orientations and asymmetries stand only symbolically for an attitude and individual expression. Drawings from the years 1963 to 1965 also address the nude figure and its transformation into tectonic structures and block-like forms (fig. p. 20). Reliefs from the same period develop these drawings further as three-dimensional motion studies using preformed wooden elements (figs. pp. 35). In addition to an abstracting derivation from the figure, the reverse direction was also applied: the elaboration of body images from constructive structures. Instead of surfaces that seem to be animated from within, the sculptures now reveal the traces of wood growth, weathering, manual interventions, and overpainting – an individual 'skin', which openly displays its history, wounds, and healings. Finally, with *Bust III* and *Full Figure L* (figs. pp. 44), individual extensions of tectonic elements ultimately thwarted any resemblance to the human figure. Here, autonomous form-appendages extend into the space without evoking any associations whatsoever to human limbs.

Überschreitung von Ähnlichkeiten mit menschlichen Figuren. Stattdessen richten sie eigenständige Form-Glieder in den Raum hinaus, ohne dass hiermit menschliche Gliedmaßen auch nur andeutend nachgeahmt sind.

Die Weiterentwicklung

Bernhard begann seine künstlerische Laufbahn in einem Jahrzehnt, in dem sich die Bildhauerei immer neue Materialien, Medien und Räume – vom Kunststoff und Alltagsobjekt bis zu Video und Land Art – nutzbar machte. Demgegenüber zeigte sich Bernhard unbeeindruckt und arbeitete konsequent an seiner Sache weiter. Er blieb bei den vermeintlich konventionell beschränkten, handwerklichen Herstellungsweisen in Holz und Eisen, verarbeitete und kombinierte sie allerdings auf völlig eigenständige Art.

Das Material der Holzbalken hatte 1964 die Strukturen der Form vorgegeben. Wenig später zog Bernhard als zweites Material geschmiedete und verschweißte Eisenteile hinzu und gewann so die Möglichkeit, die hölzernen Elemente in freiere Zusammenhänge zu bringen, sie in jeder denkbaren Richtung in den Raum ausgreifen zu lassen, ohne weiterhin auf die architektonische Stabilität der Gesamtform angewiesen zu sein (Abb. S. 28–29 und 30). Wieder erhielt er durch die Gegebenheiten des Werkstoffs entscheidende Formimpulse. Seine „Dinge" – so nannte er mit Vorliebe seine Arbeiten – gewannen gliederhafte Bewegung und neue Beziehungen zum Raum, zum Boden und zum Betrachter hinzu. In der Folge ging Bernhard dazu über, die blockhaften Holzformen aus kleinen Holzteilen zusammenzusetzen und anschließend zu behauen (Abb. S. 23, 42, 55 und 61). Die beiden traditionellen Verfahren des Aufbauens von Plastik und des Abschlagens vom Block in der Skulptur waren damit in einem Arbeitsprozess vereint. Das Eisen bildete außer stabartigen Gliedern, Platten und punktuellen „Gelenkstücken" bald eigene Körperformen und Ummantelungen aus, sodass die tatsächlichen und optischen Massen an Spannung gewannen (Abb. S. 30 und 55). Mitte der 1970er-Jahre war der Übergang von der winkligen „Gliederfigur" zur gespannt-bewegten Großform gefunden. Aus dem Konstruktiven heraus erreichte Bernhard eine neue Dimension von modellierter Körperlichkeit und scheinbar innerlich bewegter Dynamik. In den

Further Development

Bernhard began his artistic career in a decade in which sculpture made increasing use of new materials, media, and spaces – from plastic and everyday objects to video and Land Art. Bernhard was unimpressed by this and worked consistently on his own themes and issues. He continued using the purportedly conventionally limited, manual production techniques in wood and iron, processing and combining these in his own unique way.

In 1964, the materiality of the timber beams had already predetermined the structures of the forms. Soon thereafter, Bernhard incorporated forged and welded iron elements as a second material and thus developed the possibility of bringing the wooden elements into freer connections, allowing them to protrude into space in all conceivable directions, without having to rely on the architectonic stability of the overall form (figs. pp. 28–29 and 30). He once again received decisive impetus from the inherent characteristics of the material at hand. His 'things' – this is how he preferred to refer to his works – gained a sense of limb-like motion and new relationships to space, the ground, and the viewer. Bernhard subsequently began assembling the block-like wooden forms from smaller wooden elements and then hewing these (figs. pp. 23, 55, 42 and 61). The two traditional methods of creating sculpture, by adding or removing material, were thus united in one working process. In addition to rod-like limbs, plates, and occasional joints, the iron was soon used to create body forms and sheaths, so that the actual and optical masses gained a sense of tension (figs. pp. 30 and 55). In the mid-1970s, he then found the transition from angular 'limb figures' to tensely animated large-scale forms. From this constructive moment, Bernhard attained a new dimension of modelled corporeality and a sense of seemingly inherent dynamism. In the following decades, he developed these possibilities further to achieve a broad range of expression. At the same time, forms created exclusively with iron fulfilled the prerequisites for monumental outdoor objects, which contributed significantly to the fact that, since the 1980s, Franz Bernhard's special position was no longer appreciated solely by experts.

folgenden Jahrzehnten entwickelte er aus diesen Möglichkeiten reiche Variationen des Ausdrucks. Zugleich waren mit insgesamt aus Eisen geschaffenen Formen die Voraussetzungen für monumentale Objekte im Außenraum geschaffen, die wesentlich dazu beitrugen, dass Franz Bernhard seit den 1980er-Jahren nicht mehr nur unter Kennern für seine besondere Position geschätzt wurde.

Ding und Menschenbild

Franz Bernhard benannte wiederholt den tragenden Grund und das Ziel seiner bildhauerischen Arbeit: „Der Mensch ist Ausgangspunkt, Stimulans und Ziel meiner Arbeit. Ich strebe kein naturgetreues Abbild an, sondern etwas wie ein anthropomorphes Zeichen."[1] Bereits 1969 beschrieb er, was bis zuletzt Gültigkeit behielt: „Meine Plastik leitet sich vom Menschen ab. Man kann ein ‚Aktmodell' aufbauen wie ein architektonisches Gebilde. Ich mache aus Körpern Platten, Bögen, Balken. Ich mache aus Armen Gestänge. Ich mache aus dünn dick. Ich lasse ein Bein weg, wenn es stört. Ich mache aus kurz lang. Ich mache aus lang kurz. Ich beschäftige mich mit Abläufen von Formen, mit Abläufen verschieden schwerer Massen, mit Proportionen, mit Winkeln, mit Rhythmen. Ich gestalte Übergänge. Ich mache Dinge. Meine Dinge greifen in den Raum. Ich gestalte Räume."[2] Bernhards „anthropomorphe Zeichen" können also mit gleicher Berechtigung als autonome Material- und Raumkonstruktionen aufgefasst werden. Sie wurden direkt aus den Gegebenheiten der Materialien in einem konstruktiven Verfahren und Formdenken entwickelt. Dennoch vergewisserte sich Bernhard immer wieder im Zeichnen nach dem Aktmodell der Bezüge zur menschlichen Figur.

Bernhards Arbeit bewegte sich demnach mitten in der Spannung zwischen zwei Grundthemen der Plastik des 20. Jahrhunderts: auf der einen Seite die inhaltlich geprägte, traditionsreiche Darstellung des Menschenbildes, auf der anderen Seite die moderne Errungenschaft der ungegenständlichen Konstruktionsplastik. Beides ist seit dem frühen 20. Jahrhundert meistens als ein nicht vereinbarer Widerspruch angesehen worden. Bernhard arbeitete genau auf

Things and the Image of Man

Franz Bernhard repeatedly named the basic foundation and aim of his sculptural work: 'Man is the starting point, stimulus, and aim of my work. I do not strive to create a lifelike image but rather something akin to an anthropomorphic sign.'[1] As early as 1969, he described what would remain valid throughout his career: 'My sculpture is derived from man. You can compose a "nude model" like an architectonic form. I transform bodies into plates, arches, beams. I transform arms into linkages. I transform thin into thick. I leave out a leg if it disturbs. I transform short into long. I transform long into short. I am concerned with the sequences of forms, with the sequences of various heavy masses, with proportions, with angels, with rhythms. I configure transitions. I make things. My things penetrate the space. I transform spaces.'[2] Bernhard's 'anthropomorphic signs' can thus just as well be understood as autonomous material and spatial constructions. They were developed directly from the inherent characteristics of the materials in a constructive process and formal thinking. Bernhard nevertheless repeatedly verifies his references to the human figure in the act of drawing from the nude model.

Bernhard's work thus oscillates in the field of tension between two basic themes of twentieth-century sculpture: on the one hand, the content-based traditional depiction of the image of man and, on the other hand, the modern achievement of non-objective, constructive sculpture. Both have generally been viewed since the early twentieth century as an irreconcilable opposition. Bernhard worked precisely on this track of ostensible contradiction. With each work, he persistently drove the non-objective forms into an exchange with notions of figuration until the point was reached on which both coalesced in a characteristic embodiment of humanity.

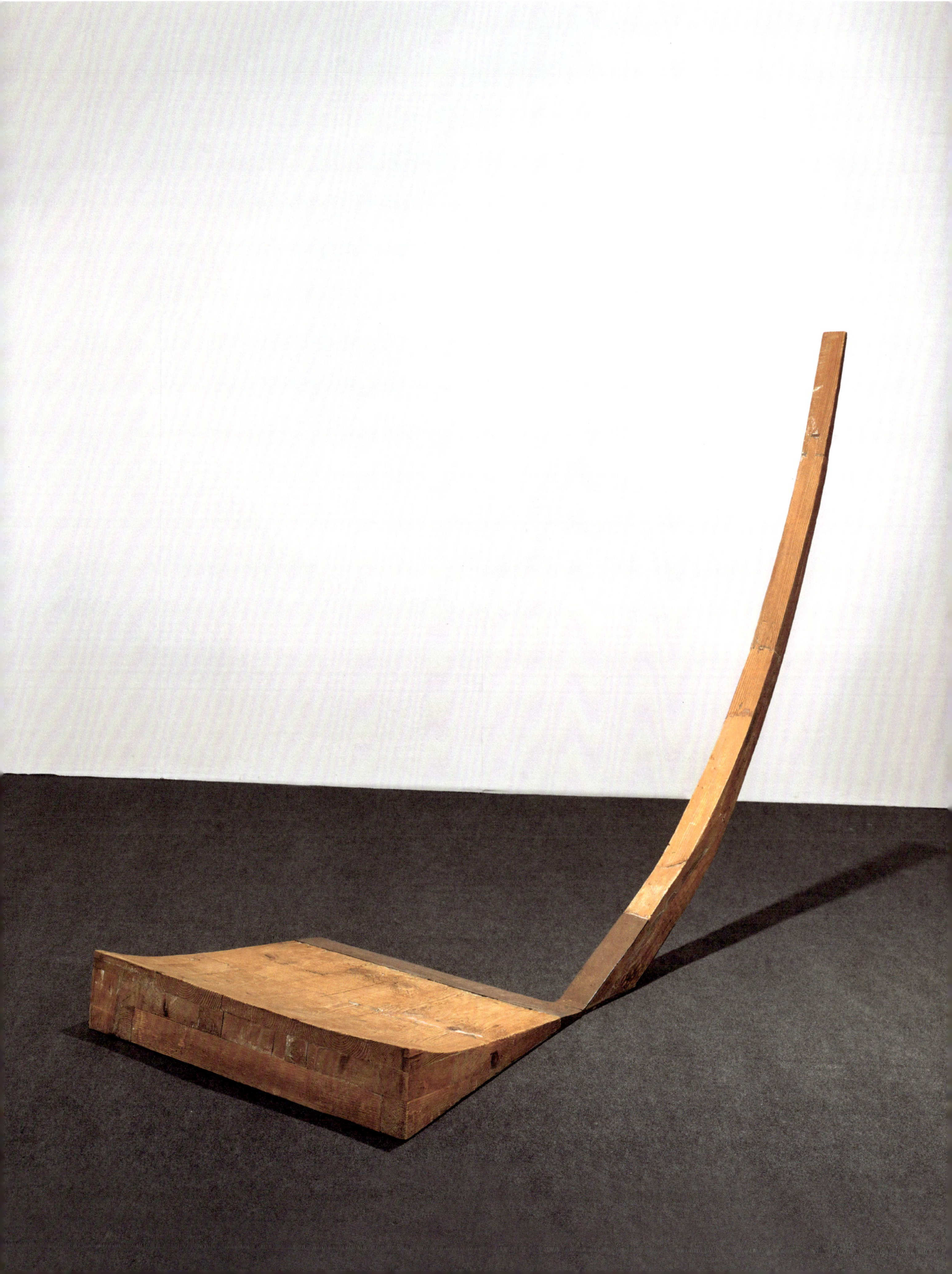

der Spur dieses scheinbaren Widersinns. Beharrlich trieb er bei jeder Arbeit die ungegenständlichen Formen in einen Austausch mit figürlicher Vorstellung, bis der Punkt erreicht war, wo beides für ihn in einem charakteristischen Inbild von Menschlichkeit zusammenfiel.

„Anthropomorphe Zeichen"

Wodurch wird der Eindruck von Zeichen für Menschliches tatsächlich vermittelt? Wachstum, Veränderung, Geschichtlichkeit, Individualität, Bewegung und Kraft sind Gegebenheiten, die das menschliche Sein bestimmen und die wir in Bernhards Plastiken wiederfinden. Schon die Oberflächen der Plastiken sprechen von einer jeweils individuellen, allmählichen Entstehung und von einer Prägung durch Wechselfälle in der Zeit. Die abstrahierten Formelemente, bestimmte Massenverhältnisse und Winkel erinnern weitläufig an menschliche Körperbilder. Massen mit gebogenen Kanten und leicht gewölbten Flächen suggerieren Kräfte, die aus dem Inneren heraus wirken. Die frühen Bodenplastiken erstrecken sich über die Bodenfläche, die der Betrachter von oben überschaut. Sobald die Plastiken vertikal ausgerichtet sind, werden sie, zumal bei einiger Größe, zum Gegenüber und Gegenpart. Ein wichtiges Mittel für den Anschein von Bewegung und Haltung liegt in der tatsächlichen oder scheinbaren Labilität vieler Plastiken, die den Betrachter dazu bringt, die Kräfteverhältnisse mit dem eigenen Körpergefühl nachzuvollziehen und als veränderlich zu erleben. So werden analog zur eigenen Motorik und zum täglichen Umgang mit anderen Menschen Haltungen, Gesten, Bewegungen, persönliche Körpersprache oder Stimmungen assoziiert. Erich Thies verwandte 1987 für Bernhards Plastiken den Begriff der „Leiblichkeit", die eine persönliche Identifikation einfordert und wegen der Konzentration auf Wesentliches als existenzielles Zeichen wirkt. Im Gegenzug bildet die konstruktive Eigenständigkeit der Gestalt immer den distanzierenden Gegenpart, der verhindert, sie als direktes Abbild einer figürlichen Erscheinung zu lesen, und der zu neuen Blickwinkeln und Befragungen herausfordert.

'Anthropomorphic Signs'

What actually conveys the impression of signs for humanness? Growth, change, historicity, individuality, movement, and vitality are factors which determine human existence and which we find in Bernhard's sculptures. The surfaces of the sculptures already speak of their respective individual and gradual genesis, as well as of their being influenced by vicissitudes of time. The abstracted form elements, particular mass ratios, and angles are broadly reminiscent of images of human bodies. Masses with convoluted edges and slightly curved surfaces suggest forces from within. The early floor sculptures spread over the surface of the floor, which the viewer surveys from above. As soon as the sculptures are arranged vertically, especially at a certain size, they become a corresponding entity and counterpart. An important means for the semblance of movement and posture lies in the actual or apparent instability of many sculptures, which lead the viewer to comprehend the correlations of forces by means of an awareness of his or her own body and to experience these as mutable. Thus, postures, gestures, movements, personal body language, and moods are associated, analogous to the viewer's own motor functions and day-to-day interactions with other people. In 1987, Erich Thies used the term 'corporeality' for Bernhard's sculptures, which lays claim to a personal identification and, because of the concentration on the essential, functions as an existential sign. In contrast, the constructive autonomy of the form always leads to an impression of a dissociated counterpart, which thwarts its being read as the direct likeness of a figurative manifestation and challenges the viewer to consider new perspectives and raise new questions.

Figurative and Constructive Lines of Tradition

With his concept of 'anthropomorphic signs', Bernhard can initially be seen within the content-based tradition of figurative sculpture since Auguste Rodin, which was no longer indebted to a godlike ideal image of man but rather to his mutable human embodiment. Following Rodin, and then also Wilhelm Lehmbruck and the influential Henry Moore, figurative sculpture in post-war Germany and Europe was marked more than anything else by concepts of an

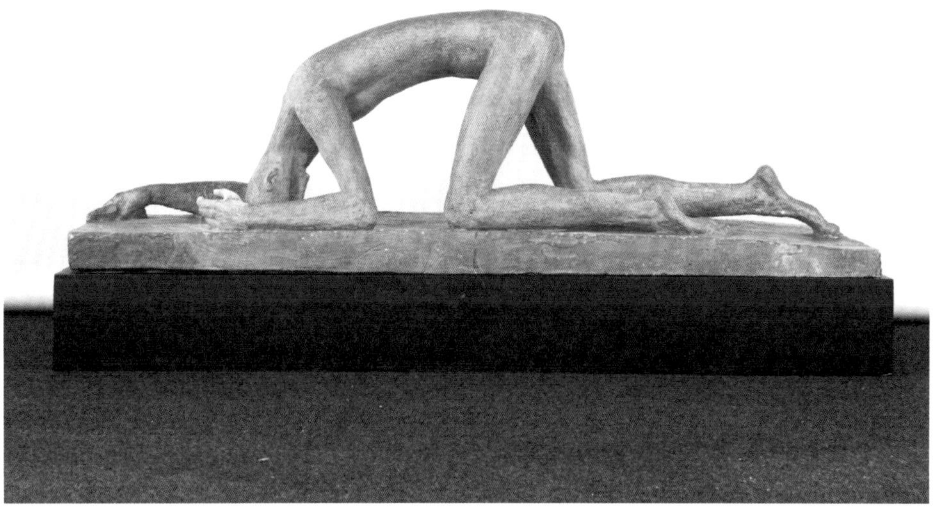

Wilhelm Lehmbruck,
Sitzender Jüngling, 1916/17
Kunsthalle Recklinghausen

Figurative und konstruktive Traditionslinien

Mit seiner Vorstellung vom „anthropomorphen Zeichen" ist Bernhard zunächst in die inhaltliche Tradition der figurativen Plastik seit Auguste Rodin einzureihen, die sich nicht mehr einem göttergleichen Idealbild des Menschen, sondern seinem wechselvollen humanen Inbild verpflichtet fühlte.
In der Nachfolge von Rodin, dann auch Wilhelm Lehmbrucks und des einflussreichen Henry Moore war die figurative Plastik der Nachkriegszeit in Deutschland und Europa am stärksten von Konzepten einer organisch abstrahierten Figur geprägt, die Raum als Leervolumen und Umraum integrierte. Franz Bernhard ging von diesen Traditionen, insbesondere von Wilhelm Lehmbruck (Vgl.-Abb. 25) aus, löste sich aber von den vorherrschenden organischen Formen und wandte sich stattdessen einer konstruktiv bestimmten Formauffassung zu, wie sie im Kubismus und Konstruktivismus begründet worden war (Vgl.-Abb. 26). Kubistische Plastiken in der Nachfolge von Pablo Picasso und Georges Braque beschäftigten sich mit der Gestaltung des Körpers aus verselbstständigten geometrischen Formteilen. Sie zielten – wie auch Bernhard – auf die Bestimmung von elementaren, nicht reduzierbaren und allgemeingültigen Bestandteilen zur Konstruktion einer Figur, die damit „Wesenhaftes" des Menschen auszudrücken imstande war. Zugleich wurde die körperliche Masse aufgebrochen und Raum als Form integriert.
Ein wichtiger Schritt in der Entwicklung der modernen Raumplastik war der Verzicht auf den Sockel. Wie Manfred Schneckenburger 1985 bemerkte, ging Franz Bernhard bereits sehr früh, kurz nach Anthony Caro, dem führenden Künstler

organically abstracted figure, which integrated space as empty volume and surrounding space. Franz Bernhard proceeded from these traditions, especially that of Wilhelm Lehmbruck (fig. 25), but liberated himself from the dominant organic forms and turned instead towards a constructively determined understanding of form, such as that upon which Cubism and Constructivism were founded (fig. 26). Cubist sculptures after Pablo Picasso and Georges Braque dealt with the composition of the body from autonomous, geometrically fragmented parts. They strove – much like Bernhard – for the determination of elementary, non-reducible, and universally valid components to construct a figure which was thus capable of expressing the 'essence' of man. At the same time, physical mass was deconstructed, and space was integrated as form.
An important step in the development of modern spatial sculpture was the abandonment of the plinth. As Manfred Schneckenburger noted in 1985, Franz Bernhard began very early – shortly after Anthony Caro, the leading artist in the field of open iron construction – to develop his works directly on the floor and then also on the wall. His sculptures are, however, not only set on the floor or wall simply to place them on the same level of reality as that of the viewer.
They also enter a special relationship with the floor and the wall by, for example, appearing to lean, rest, or lift off, or by having certain elements extend across their centre. We experience Bernhard's 'things' more than anything else as bodies, which are characterised by moments of standing, reclining, sitting, and leaning.

Ossip Zadkine,
Grand Orphée, 1956, Bronze,
Skulpturenmuseum Glaskasten Marl

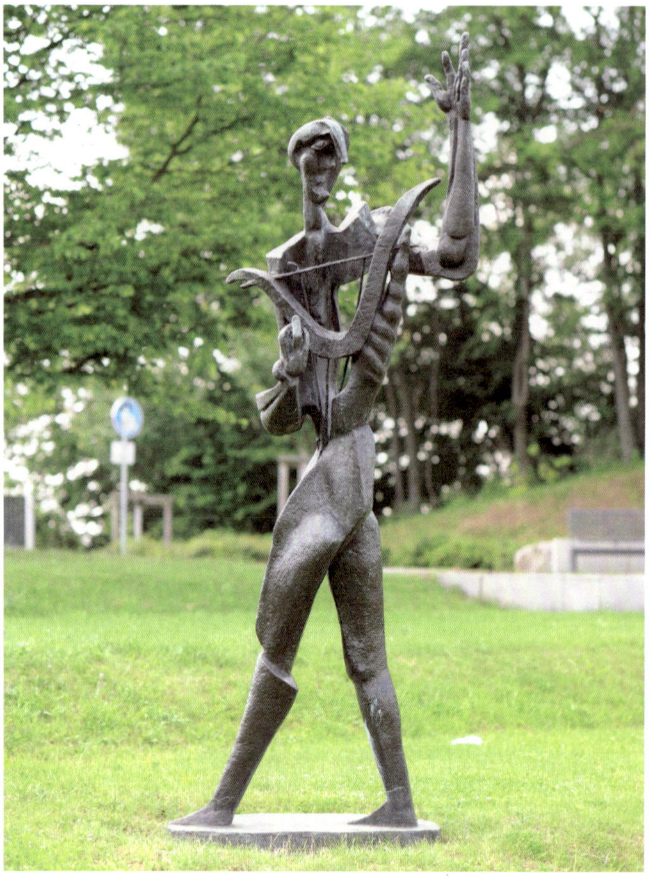

der offenen Eisenkonstruktion, dazu über, seine Werke direkt auf dem Boden und dann auch an der Wand zu entwickeln. Seine Plastiken sind aber nicht einfach nur auf dem Boden oder an der Wand platziert, um sie auf die gleiche Realitätsebene mit dem Betrachter zu setzen. Vielmehr nehmen sie ein besonderes Verhältnis zu Boden und Wand auf, indem sie etwa lehnen, aufgestützt oder sich abhebend erscheinen oder mit Teilen über ihr Zentrum ausgreifen. Wir erleben Bernhards „Dinge" vor allem als Körper, die von den Momenten des Stehens, Liegens, Sitzens und Anlehnens geprägt sind.

Die inhaltlichen Aspekte

Nun ist zu fragen, welches Menschenbild, welchen Charakter Franz Bernhards „Zeichen für das Wesen Mensch"[3] vermitteln. Offensichtlich erscheint, dass er sich von einem vollkommen intakten, eindeutigen und „natürlichen" Wesen distanziert. Aus seinen Werken sprechen Behauptungswille und innere Kraft, andererseits aber sehr oft auch eine Mehrdeutigkeit der Kräfteverhältnisse und sogar Labilität. Bernhard sprach von seinem tiefen Zweifel, was vom Menschen zu halten sei, der sowohl zur Freundlichkeit als auch zur Aggressivität fähig sei[4] und sah in Labilität und Fragilität wesentliche Züge des Menschen in unserer Zeit: „Die Probleme, die heute auftauchen, sind zum Teil sehr labiler Natur. Wir wissen z. B., daß der Fortschritt, der jahrhundertelang als etwas Positives galt, sogar ins Gegenteil umkippen kann, wenn er zu weit getrieben wird. Wir wissen auch nicht mehr so genau, was Wahrheit und was Lüge ist. Ich meine, früher waren die Grenzen schärfer gezogen."[5] Er gehörte einer Generation an, die nach den Verheerungen der Diktatur und des Zweiten Weltkriegs nicht nur ein unheroisches, verletzliches und versehrtes Menschenbild zeichnete, sondern den Menschen in einer grundsätzlich prekären Lage, bezogen auf Politik, Gesellschaft und Natur sah. Vielleicht geht darauf tatsächlich das verbreitete Auftreten labiler Zustände in der Plastik seit den 1960er-Jahren zurück.[6]
Trotz der Hinweise auf Gefährdung und Verunsicherung deuten Bernhards Arbeiten aber auch die prinzipielle

Content-Related Aspects

One now has to ask which image of man, which character, is conveyed by Franz Bernhard's 'signs for the essence of man'.[3] It seems obvious that Bernhard distanced himself from a completely intact, explicit, and 'natural' essence. His works exude a will to assert themselves, as well as an inner strength – but also quite often an ambiguity with regard to the correlation of forces and even an instability. Bernhard spoke about his great doubt when it came to man's dual capacity for both kindness and aggressiveness[4] and saw instability and fragility as essential characteristics of contemporary man: 'Many of the problems that arise today are by their very nature extremely unstable. We know, for example, that progress, which for centuries had been considered something positive, can turn into its opposite when it is pushed too far. And we no longer know for sure what is true and what is a lie. I think that, earlier, the boundaries were more clearly defined.'[5] He belonged to a generation which, after the devastations of dictatorship and the Second World War, not only drew an unheroic, vulnerable, and maimed image of man but also saw man in a fundamentally precarious position with regard to politics, society, and nature. The widespread emergence of unstable states in sculpture since the 1960s can perhaps indeed be traced back to this.[6]

Offenheit menschlicher Existenz, das Vitale und ein aktives Potenzial an. „Ich meine, die Dinge tragen etwas Aktives in sich. Sie strecken ja – z. B. – einen Arm in den Raum, nehmen Besitz von ihm. Das sehe ich als positiv an."[7] Bei vielen seiner Arbeiten finden wir das Motiv des Anlehnens. Sie verweisen auf das Bedürfnis gestützt zu werden, aber auch auf die Sicherheit von festen Bezügen. Die offenen Holzoberflächen und der Rost wirken sensibel und verletzlich, während Eisenummantelungen auch Wappnung anzeigen. Scharfe Enden und massive Blöcke können imposanten Anspruch vermitteln oder als aggressiv empfunden werden. In den inneren Gegensätzen und immer anderen Akzenten von Statik und Dynamik, Labilität und Massivität, Sprödigkeit und Sensibilität, Fragmentierung und Geschlossenheit scheinen der ganze Reichtum und die ganze Widersprüchlichkeit des Menschen in seiner Zeit auf. In Zeiten des deutschen Wirtschaftswunders, rasanter technischer Entwicklungen und anonymer Konsumwelten formulierte Franz Bernhard Gegenpositionen, die mit Kargheit, Handwerklichkeit und formaler Dichte von unmittelbarer Erfahrung und individueller Haltung sprachen. Angesichts des Kalten Krieges, der atomaren Bedrohung und der wachsenden Umweltprobleme setzte er Zeichen der existenziellen Verunsicherung wie auch des Sich-Behauptens und -Erhebens. Während sich immer mehr Menschen in virtuellen Welten verlieren und Digitalisierung, Globalisierung und Social Media das Persönliche in ein Netzwerk der Identitäten auflösen, lenkt seine Arbeit beharrlich den Blick auf das individuelle Gegenüber, das elementar strukturiert ist und persönliche Erfahrung und Auseinandersetzung fordert.

1 Franz Bernhard 1985, zit. n.: Rothe, Wolfgang: *Franz Bernhard. Werkverzeichnis der Skulpturen,* 1964–1989, Heidelberg/Frankfurt a. M. 1990, S. 16.
2 Franz Bernhard 1969, zit. n.: Brockhaus, Christoph: *Der Zeichner Franz Bernhard,* Heidelberg 1985, S. 5.
3 Mennekes, Friedhelm; Bernhard, Franz: „Im Gespräch", in: *Abstraktion – Kontemplation. Auseinandersetzung mit einem Thema der Gegenwartskunst,* Stuttgart 1987, S. 200–207, hier S. 202.
4 Bartholomeyczik, Gesa: Materialkonzepte. *Die Kombination von Materialien in der deutschen Plastik nach 1960,* Frankfurt a. M./Berlin/Bern u. a. 1996, S. 199.
5 Mennekes/Bernhard 1987 (wie Anm. 3), S. 205.
6 Rüth, Uwe: „Die Labile Skulptur", in: *Labile Skulpturen,* Ausst.-Kat. Skulpturenmuseum Glaskasten Marl, Marl 1985, S. 2–9, hier S. 2.
7 Mennekes/Bernhard 1987 (wie Anm. 3), S. 204.

Despite hints at endangerment and insecurity, Bernhard's works also suggest the fundamental openness of human existence, vitality, and active potential. 'I think the things are inherently active. For example, they extend an arm into the space, take possession of it. I see this as something positive.'[7] Many of his works are characterised by a sense of leaning. They refer to the need for support but also to the security of stable references. The open wooden surfaces and the rust appear delicate and vulnerable, while the iron sheaths suggest armament. Sharp ends and massive blocks can convey an imposing sense of entitlement or be experienced as aggressive.

In the inner contradictions and ever new accents of statics and dynamics, instability and massiveness, brittleness and sensitivity, fragmentation and coherence, both the richness and the inconsistency of man in his time are revealed. In the age of the economic miracle, rapid technological developments, and anonymous consumer worlds, Franz Bernhard formulated counterpositions, which, with their sparseness, craftsmanship, and formal density, spoke of immediate experience and individual attitude. In light of the Cold War, the atomic threat, and growing environmental problems, he set signals of existential insecurity, as well as of self-assertion and self-elevation. While increasingly more people lose themselves in virtual worlds, and digitalisation, globalisation, and social media dissolve the personal in a network of identities, Bernhard's work insistently draws attention to the individual counterpart, which is elementarily structured and demands personal experience and interaction.

1 Franz Bernhard (1985), quoted in Wolfgang Rothe, *Franz Bernhard: Werkverzeichnis der Skulpturen, 1964–1989* (Heidelberg/Frankfurt am Main, 1990), p. 16.
2 Franz Bernhard (1969), quoted in Christoph Brockhaus, *Der Zeichner Franz Bernhard* (Heidelberg, 1985), p. 5.
3 Franz Bernhard, in Friedhelm Mennekes, 'Franz Bernhard: Im Gespräch', in Franz Joseph van der Grinten and Friedhelm Mennekes, *Abstraktion – Kontemplation: Auseinandersetzung mit einem Thema der Gegenwartskunst* (Stuttgart, 1987), pp. 199–207, here: p. 202.
4 Gesa Bartholomeyczik, *Materialkonzepte: Die Kombination von Materialien in der deutschen Plastik nach 1960* (Frankfurt am Main/Berlin/Bern et al., 1996), p. 199.
5 Franz Bernhard, in Van der Grinten/Mennekes 1987 (see note 3), p. 205.
6 Uwe Rüth, 'Die labile Skulptur', in *Labile Skulpturen*, exh. cat. Skulpturenmuseum Glaskasten Marl (Marl, 1985), pp. 2–9, here: p. 2.
7 Franz Bernhard, in Van der Grinten/Mennekes 1987 (see note 3), p. 204.

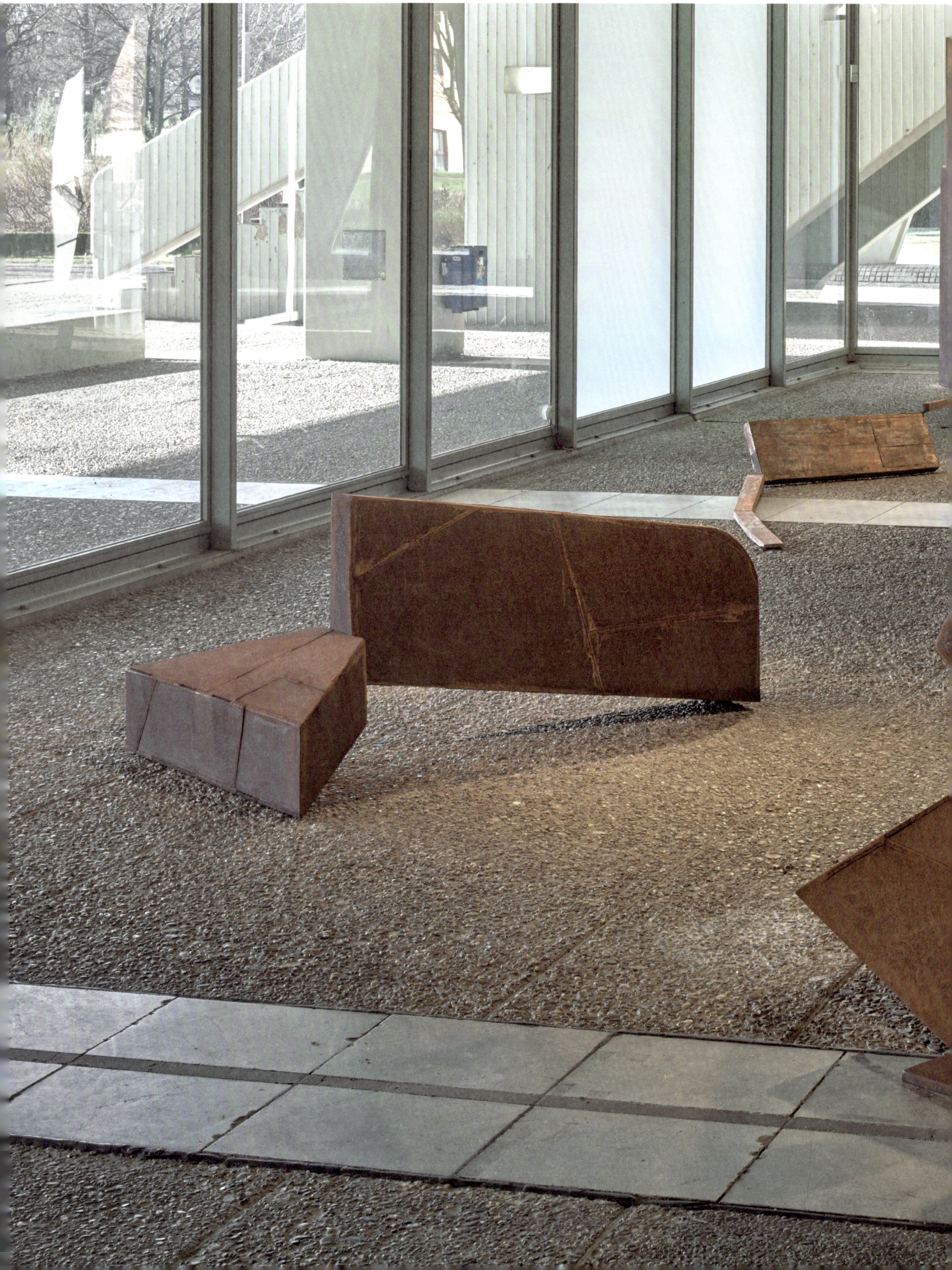

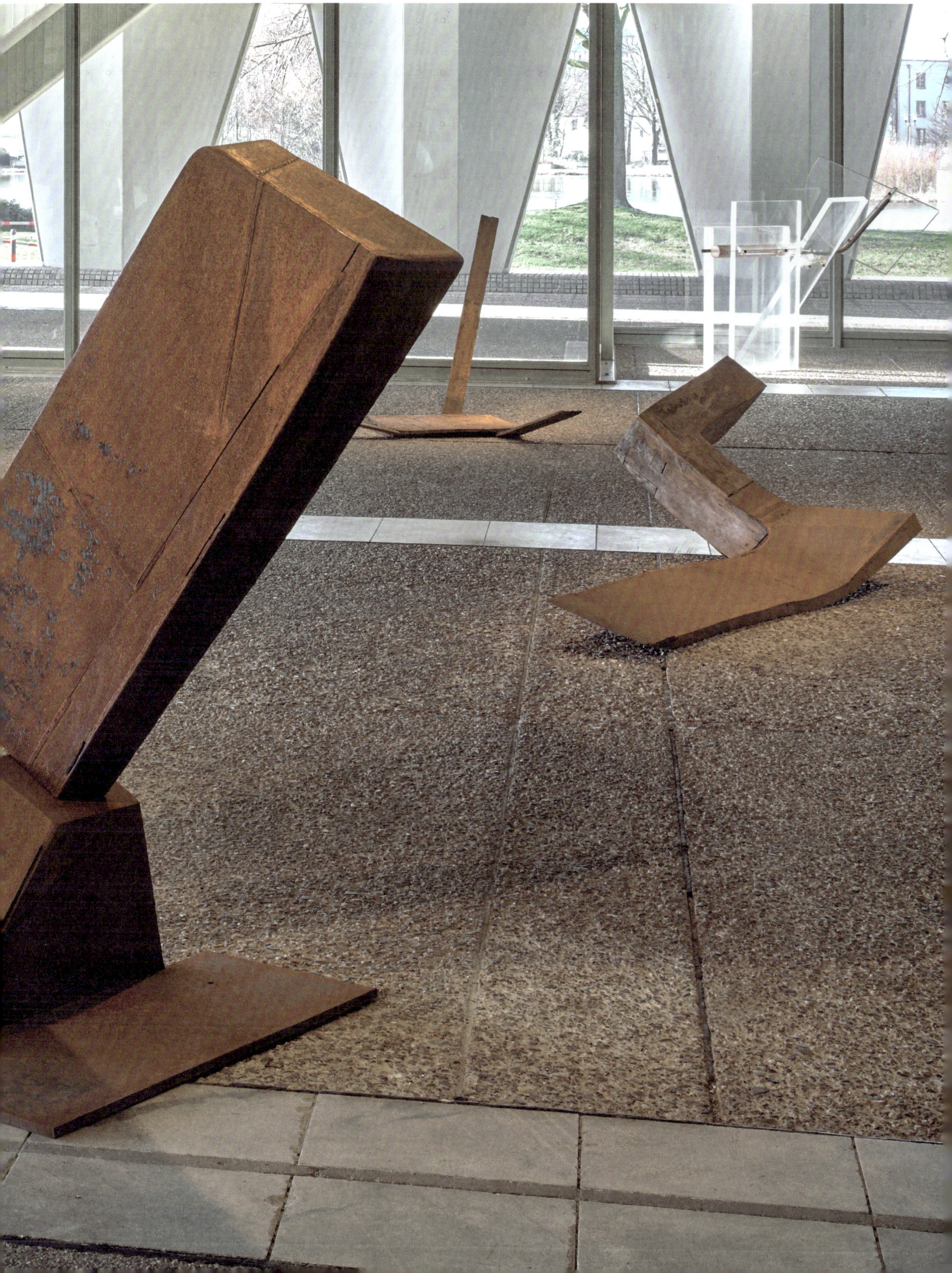

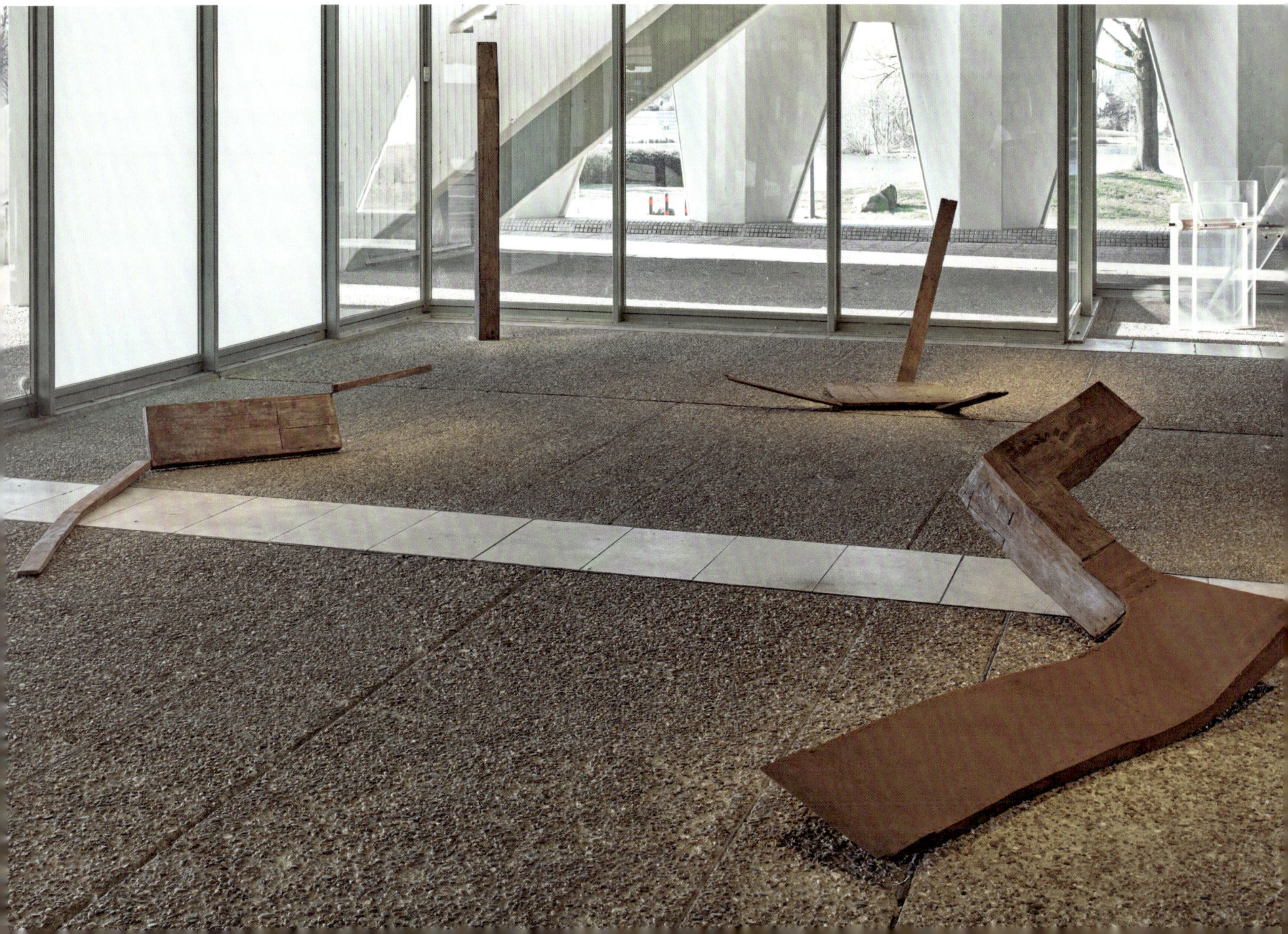

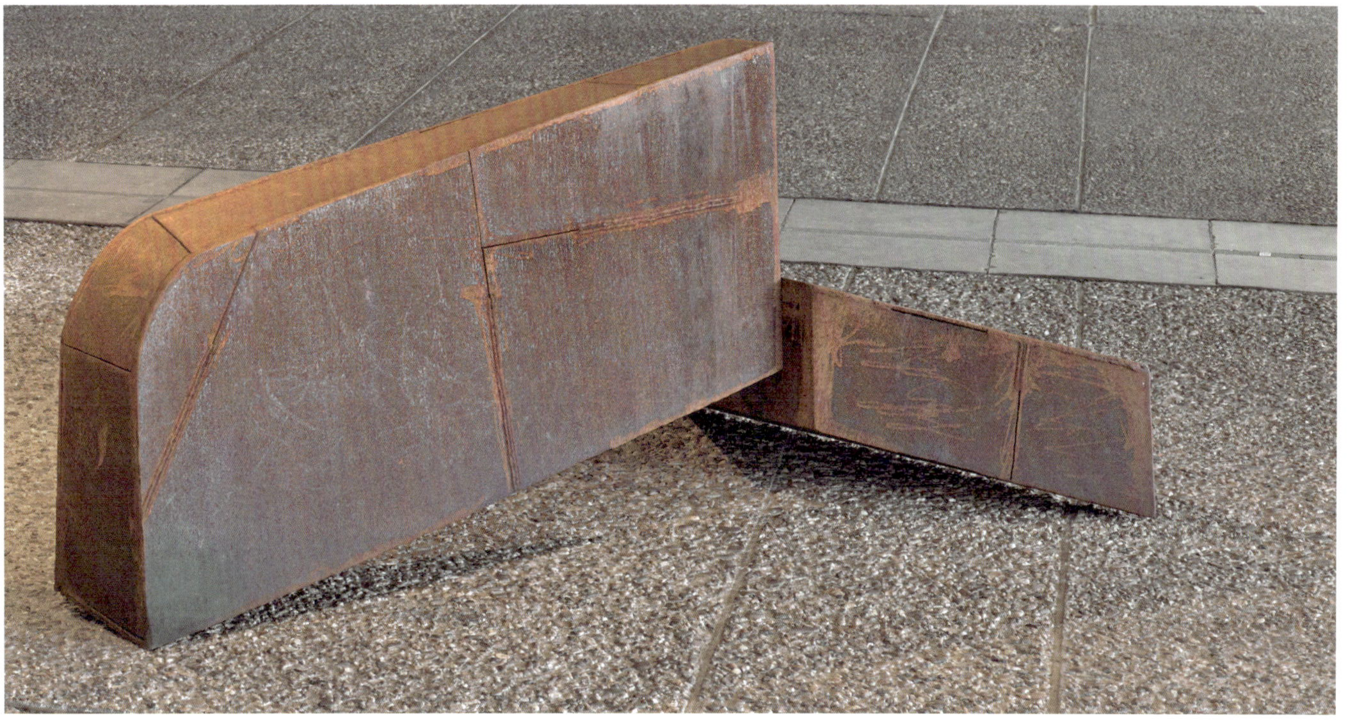

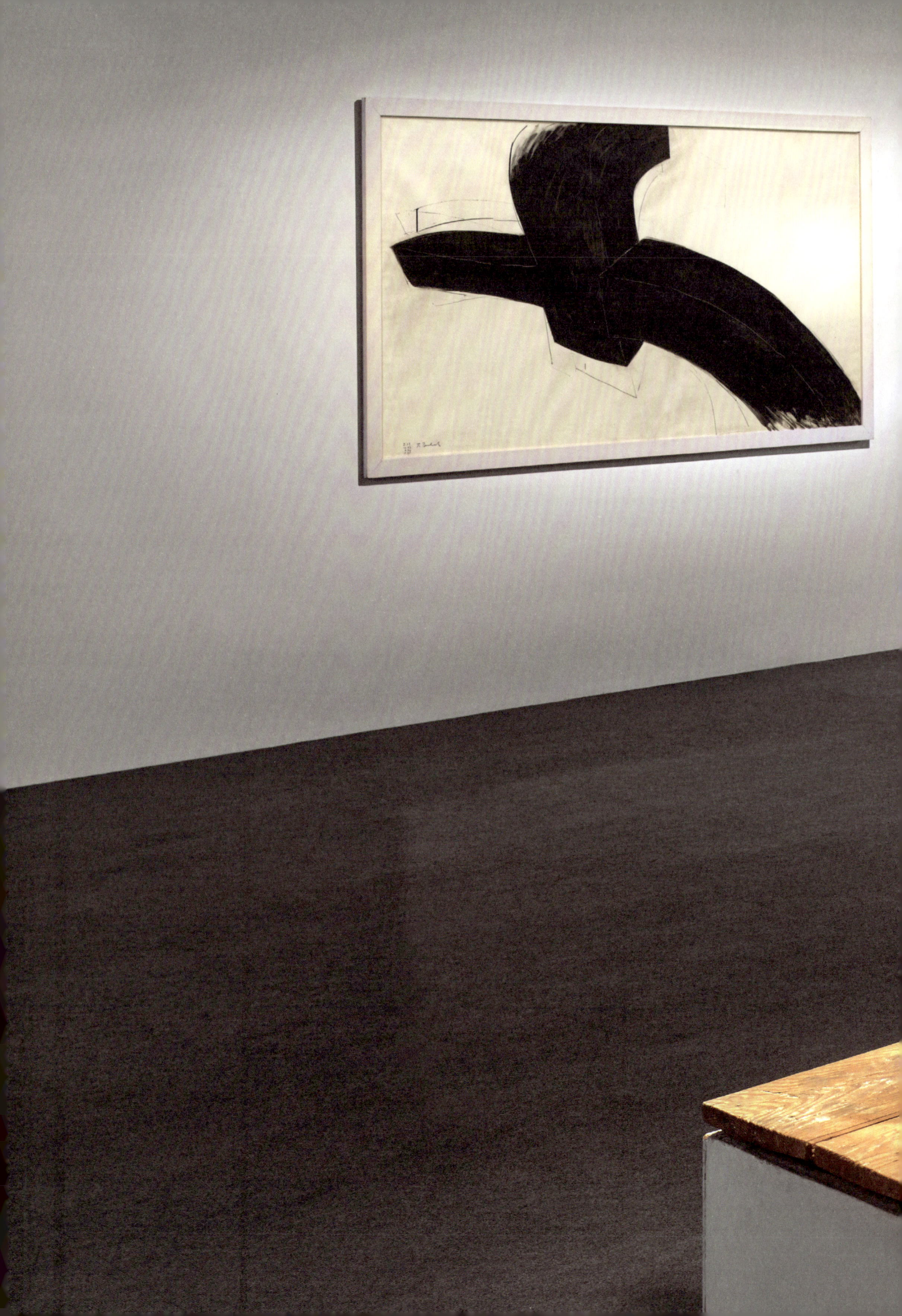

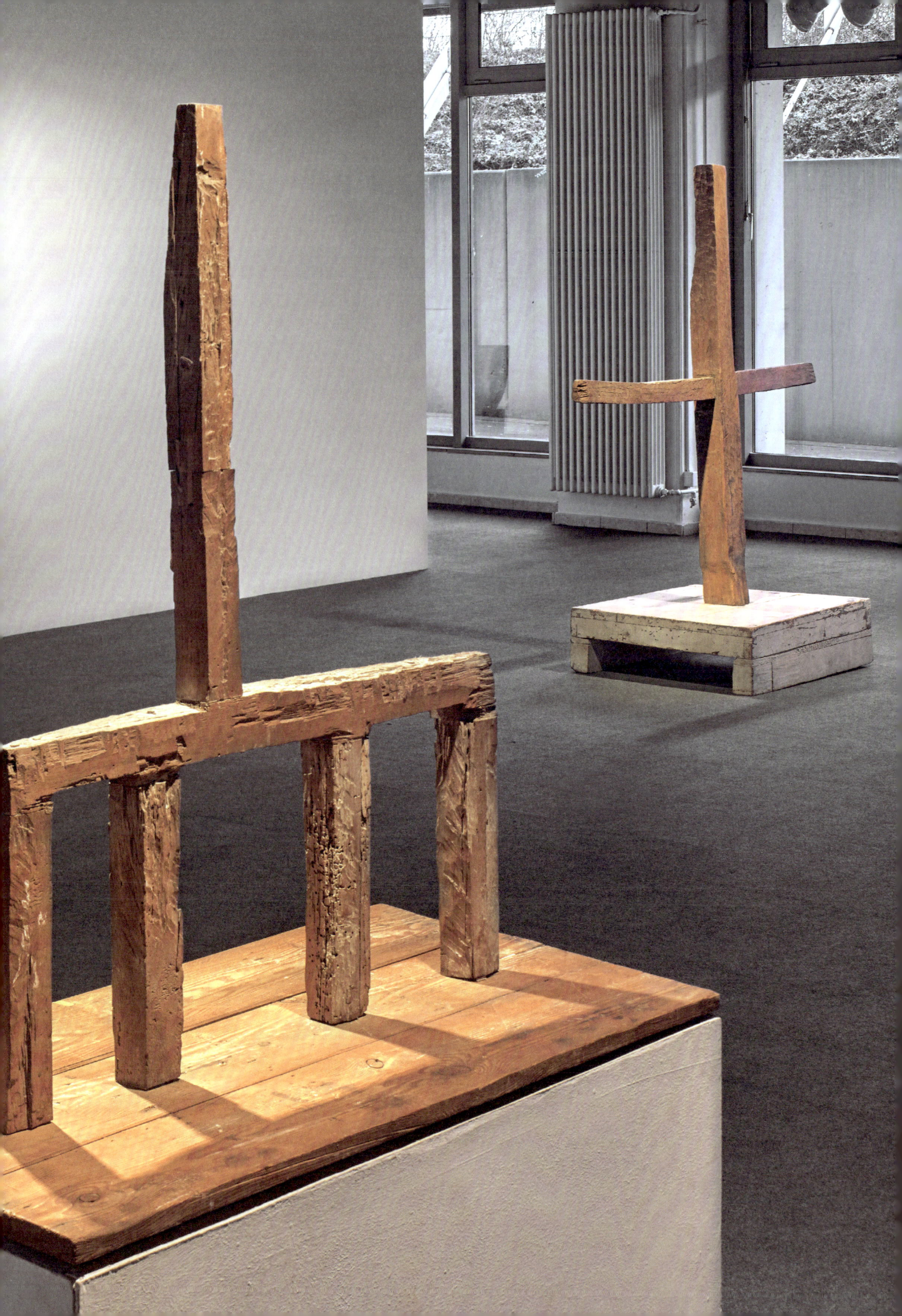

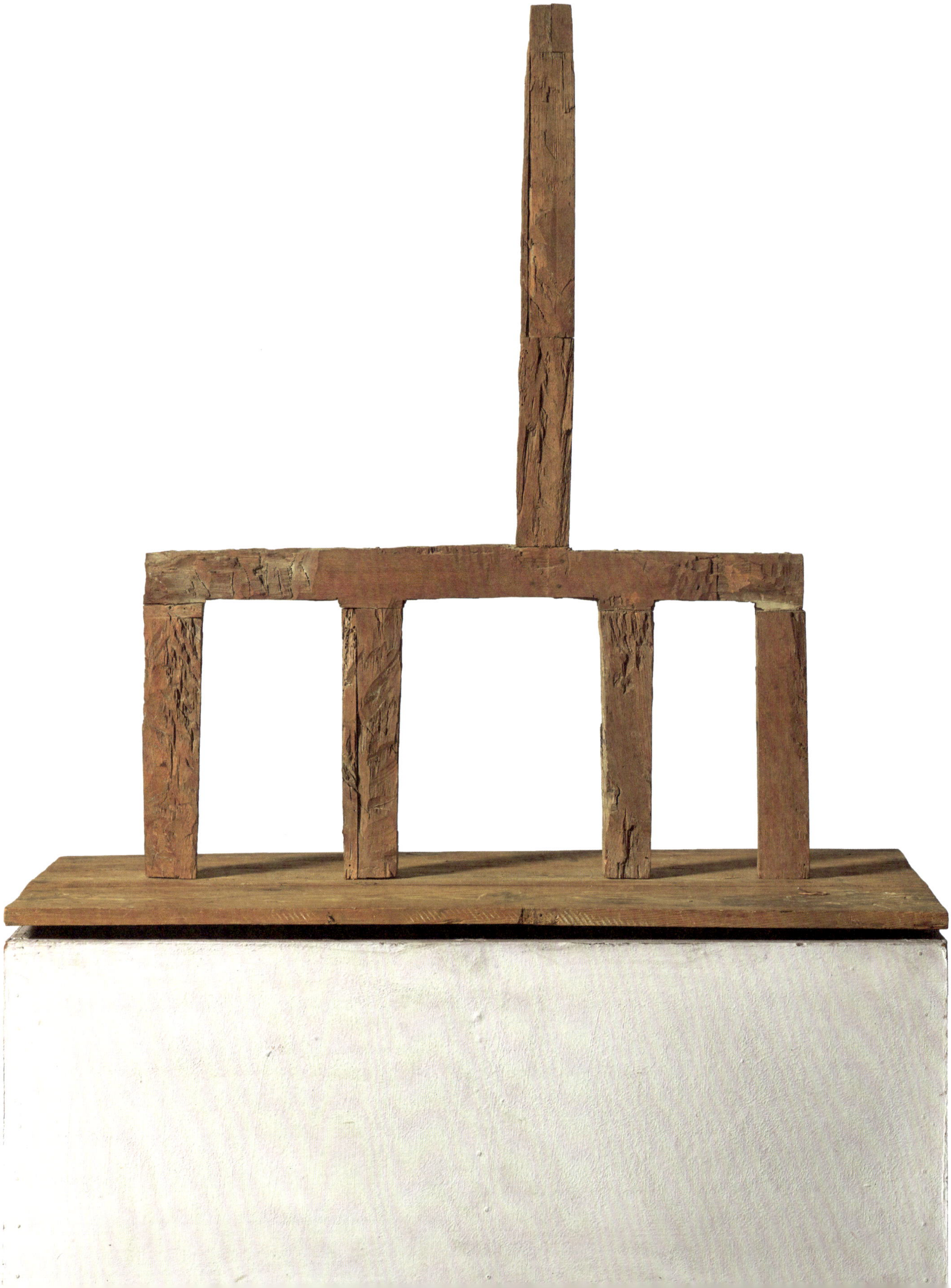

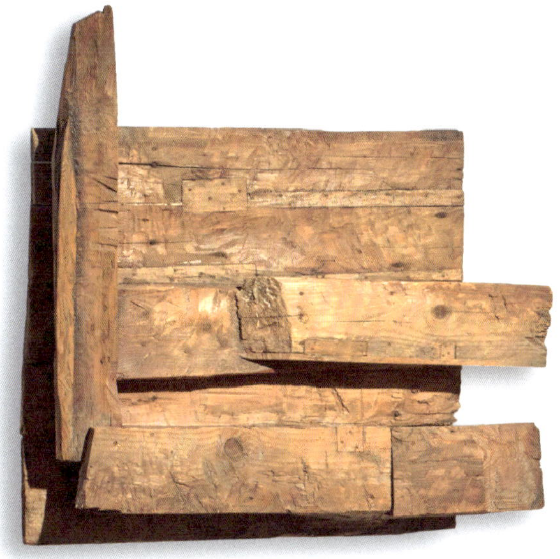

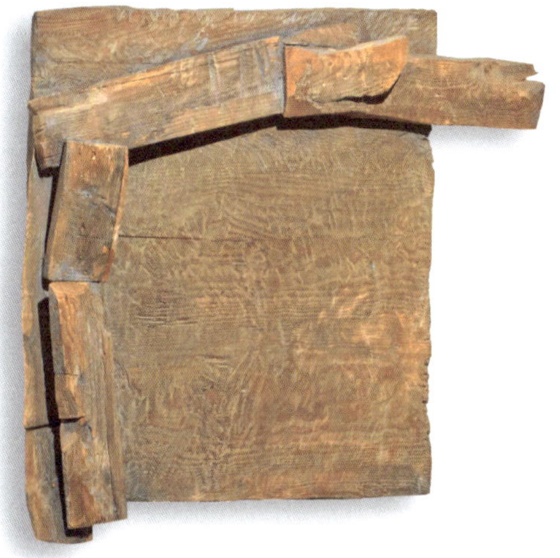

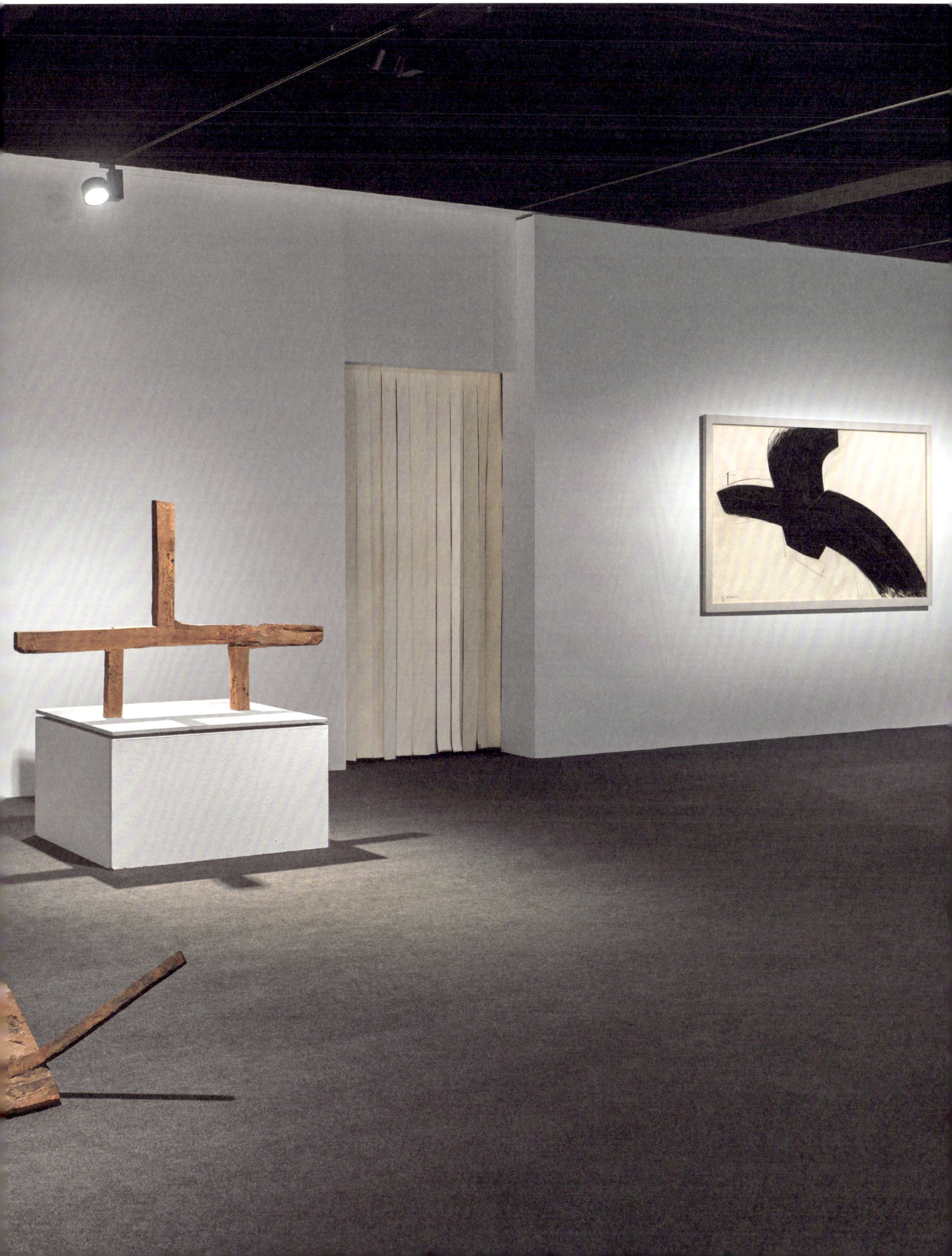

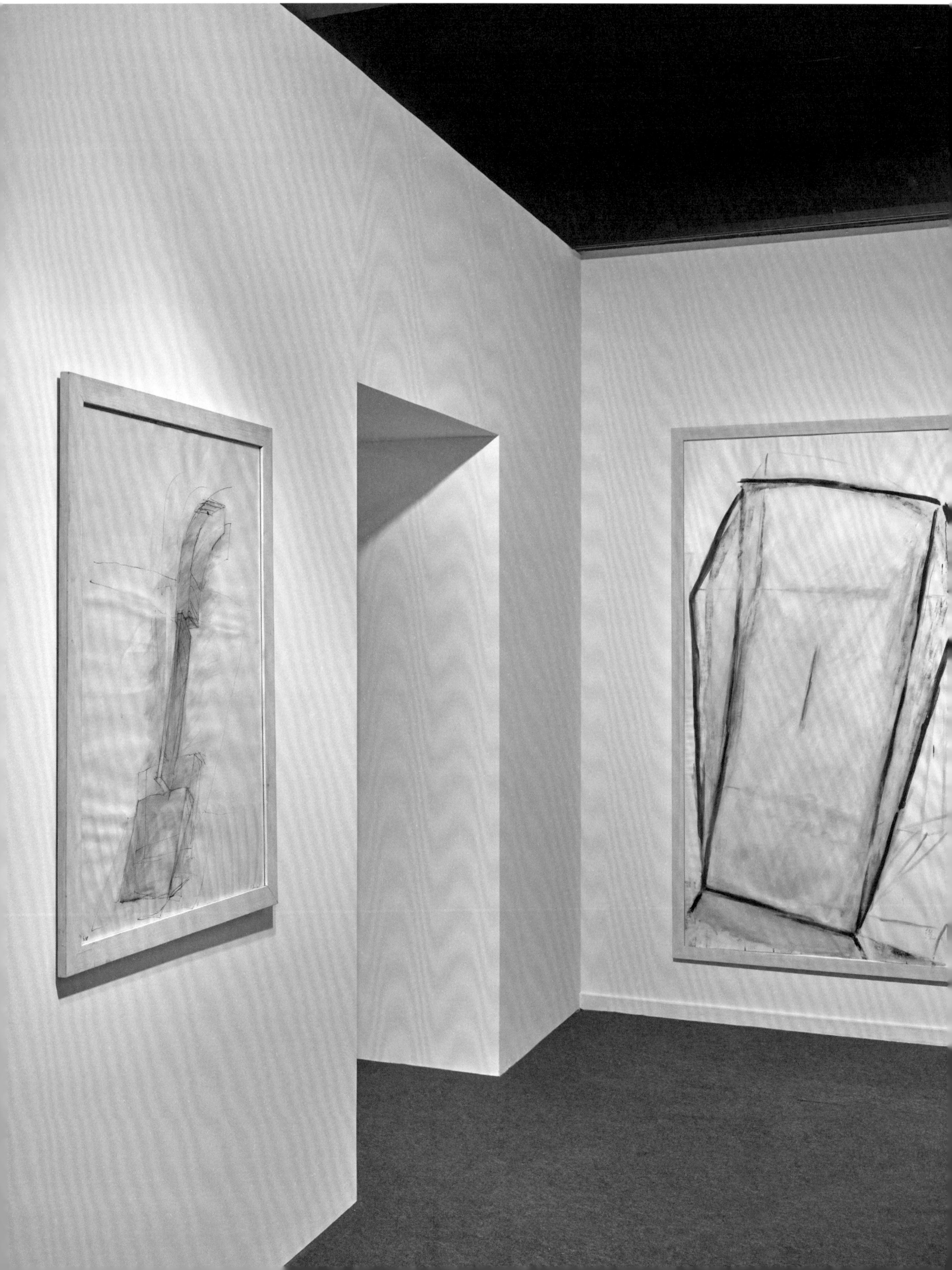

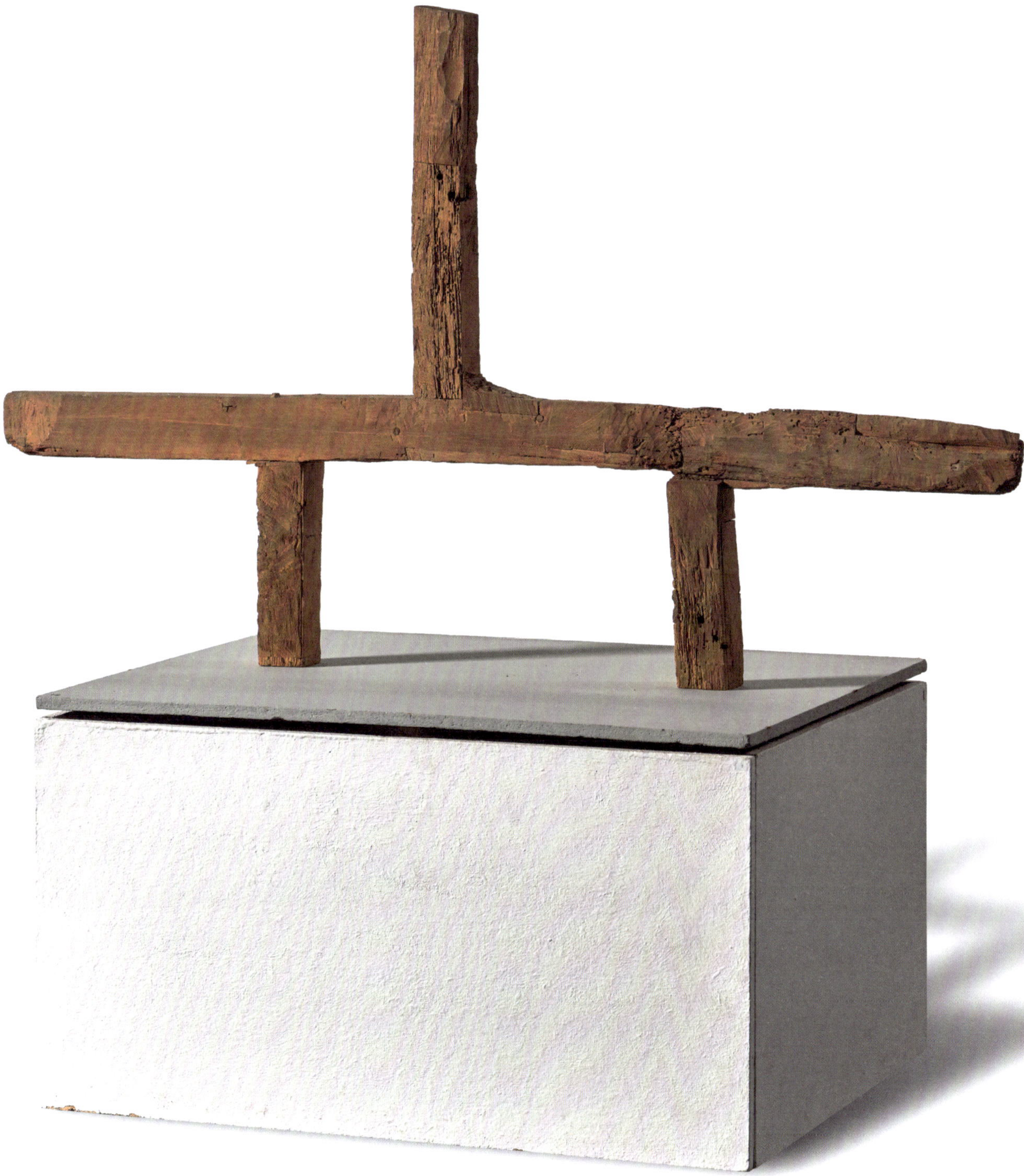

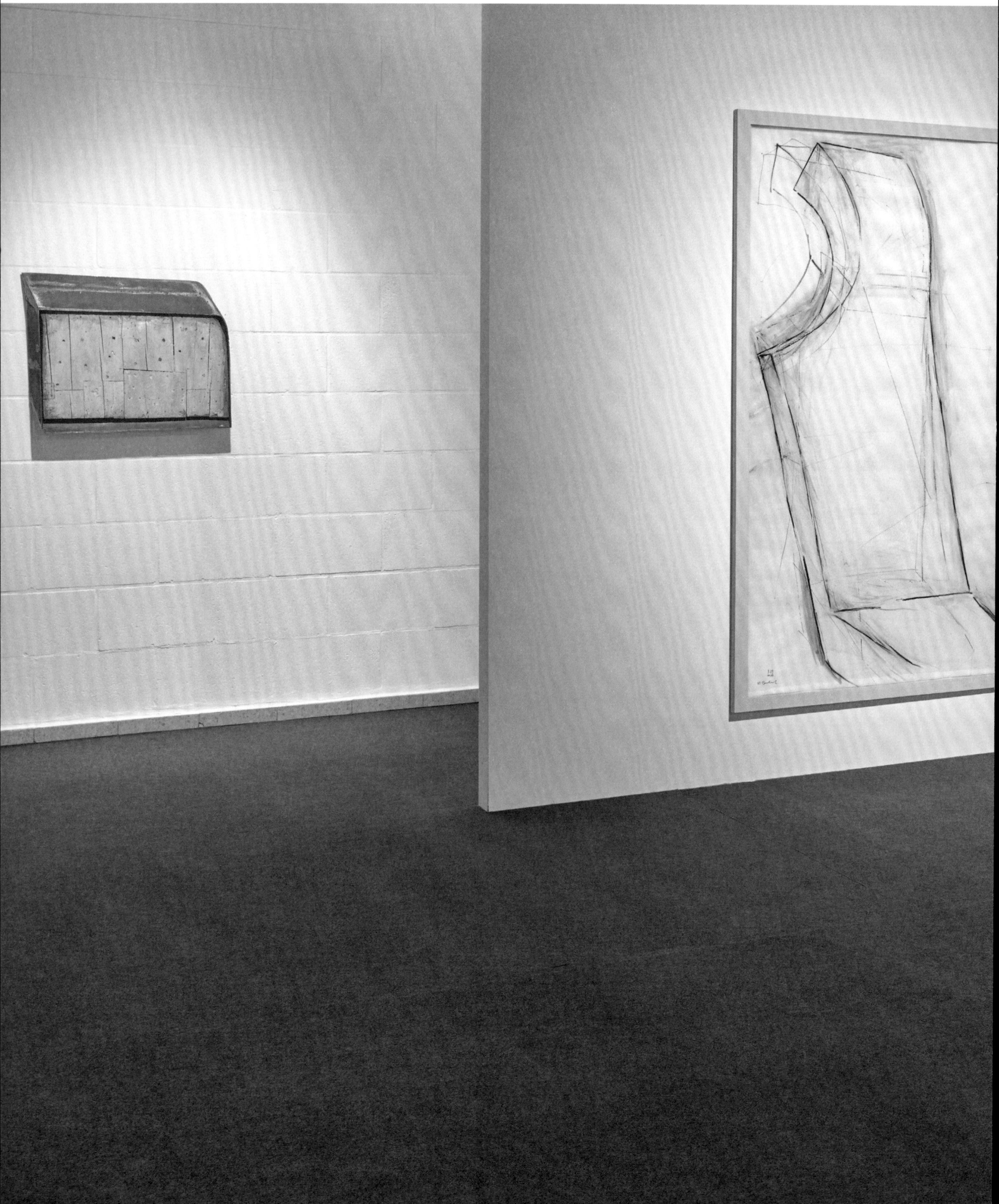

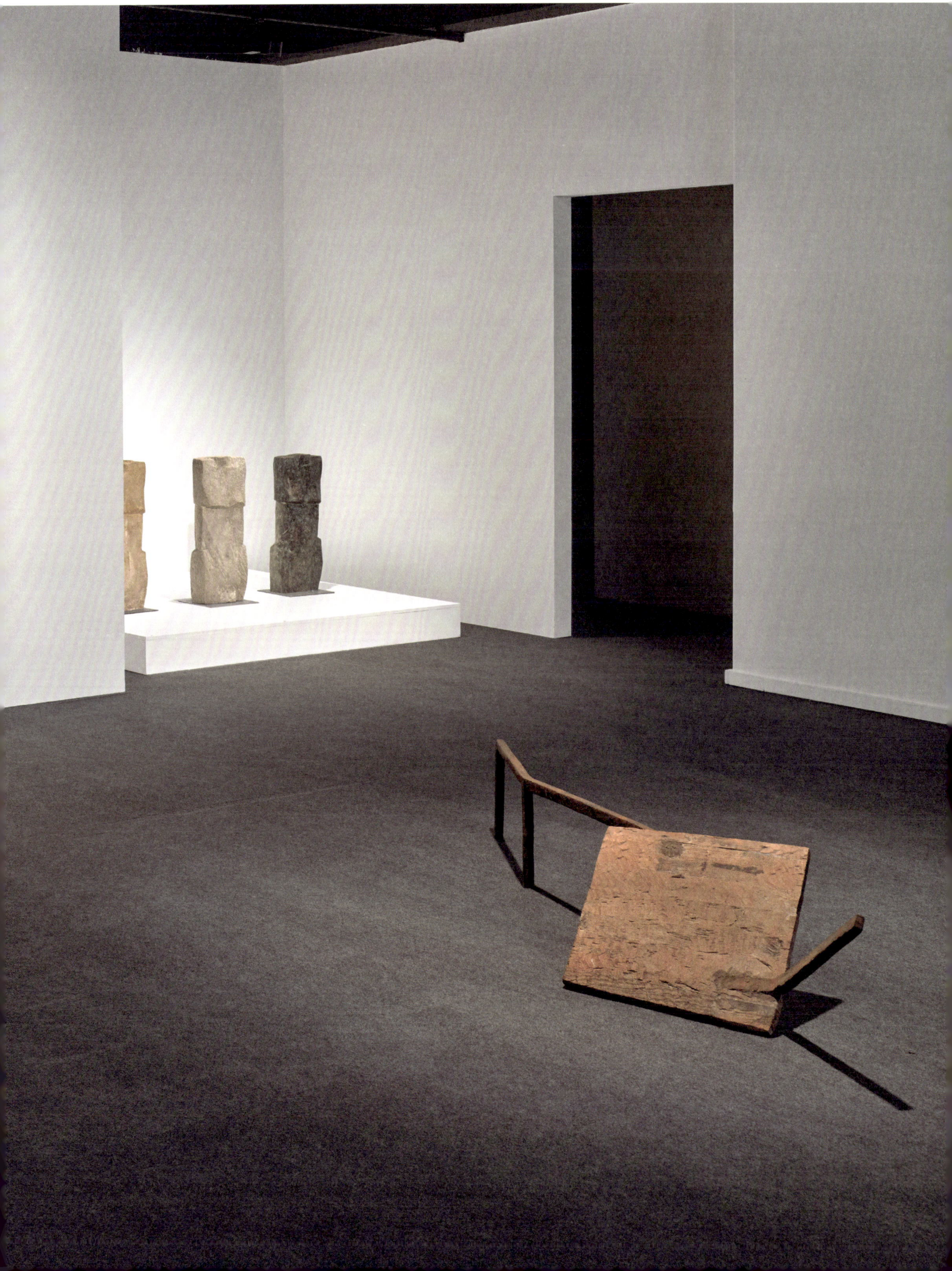

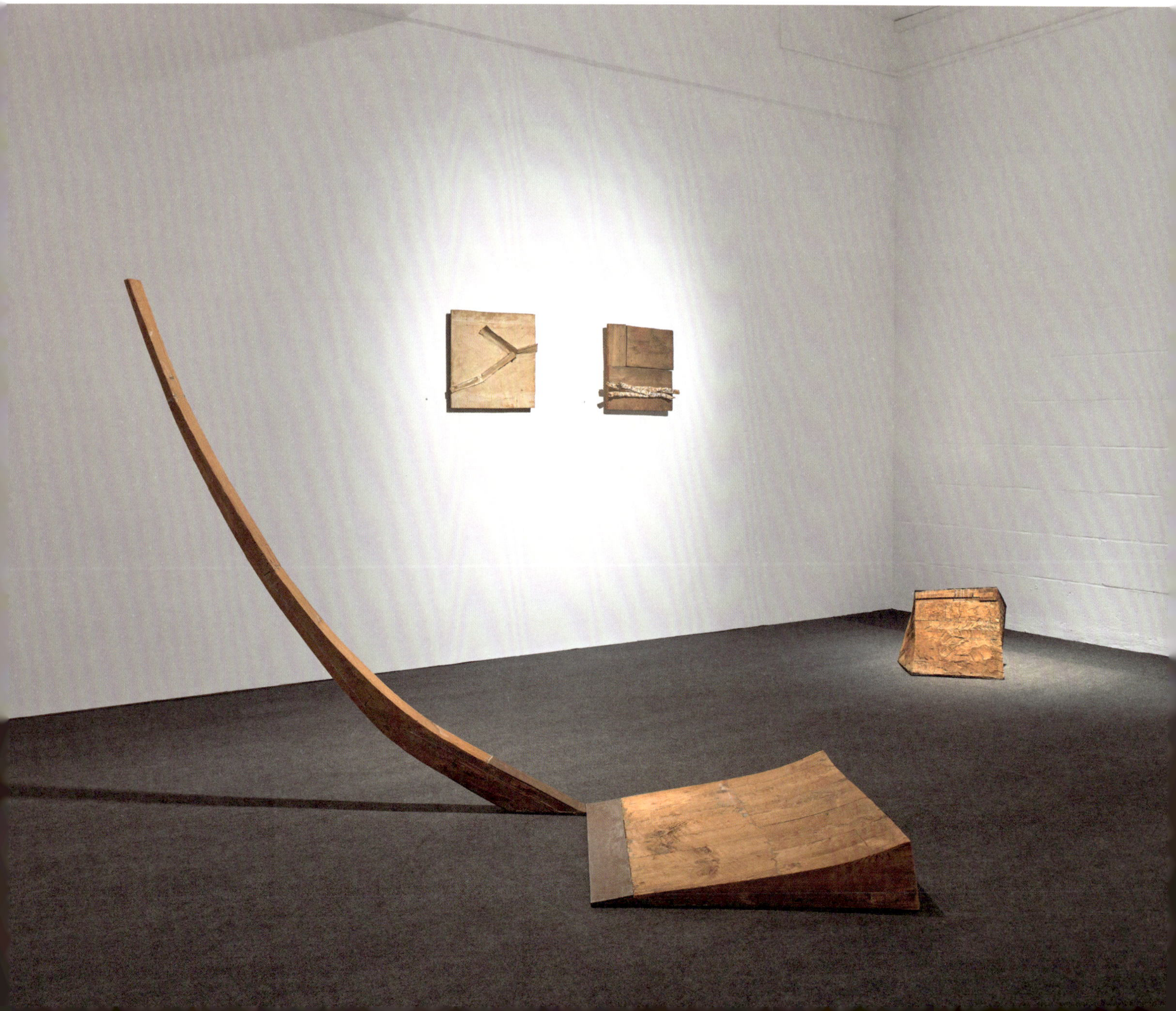

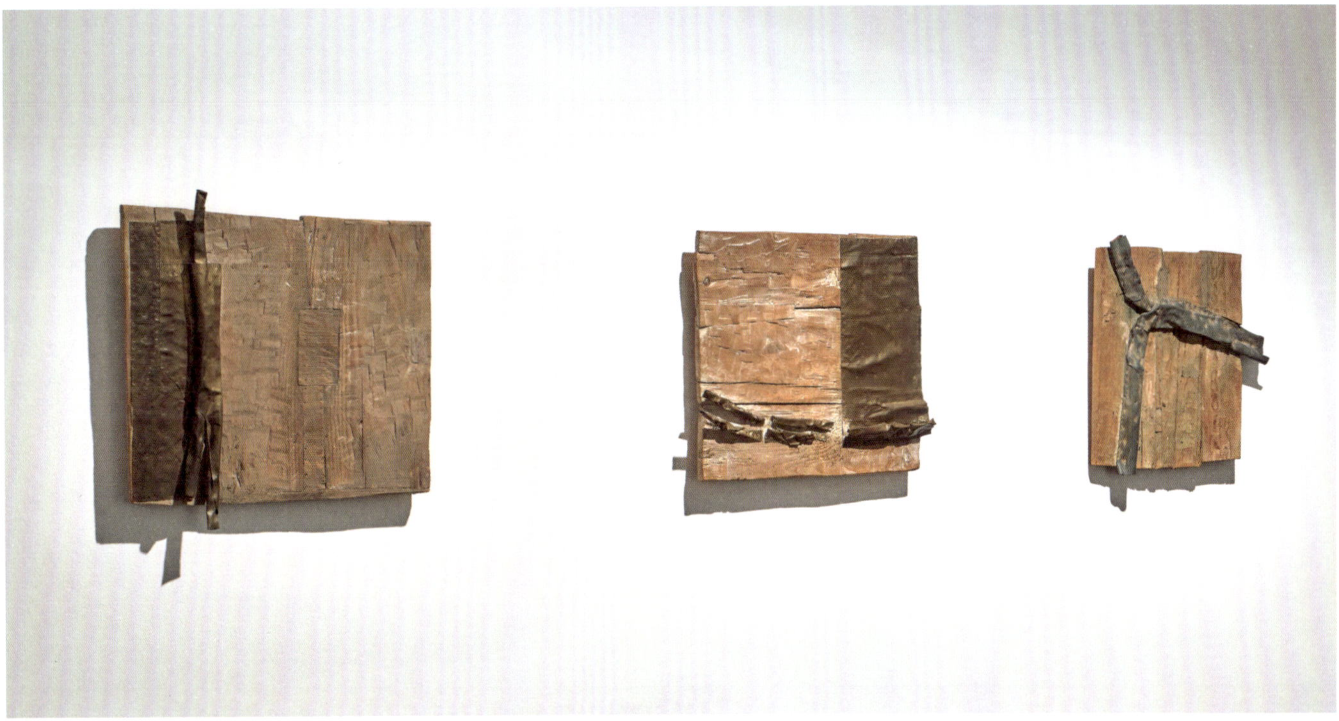

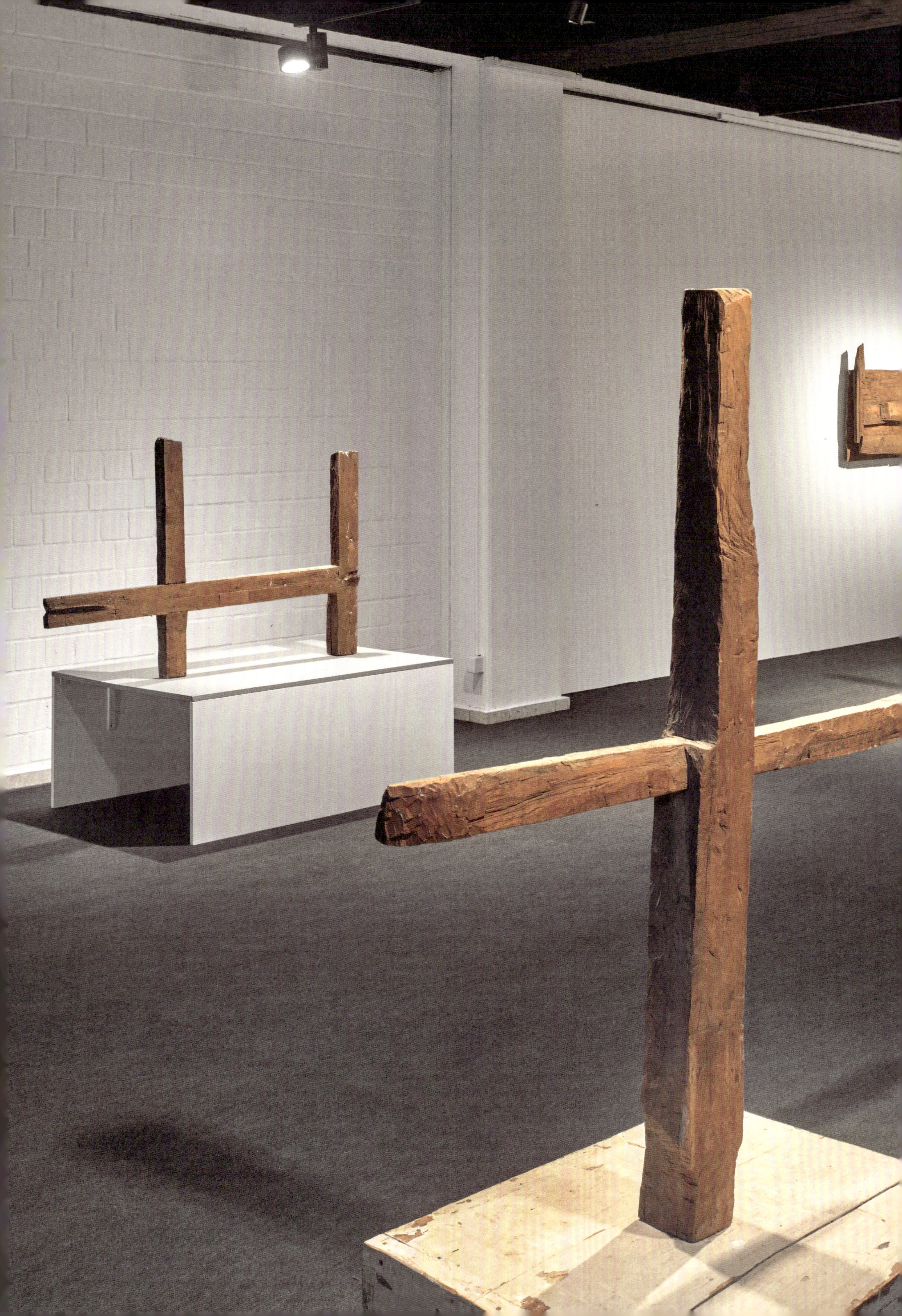

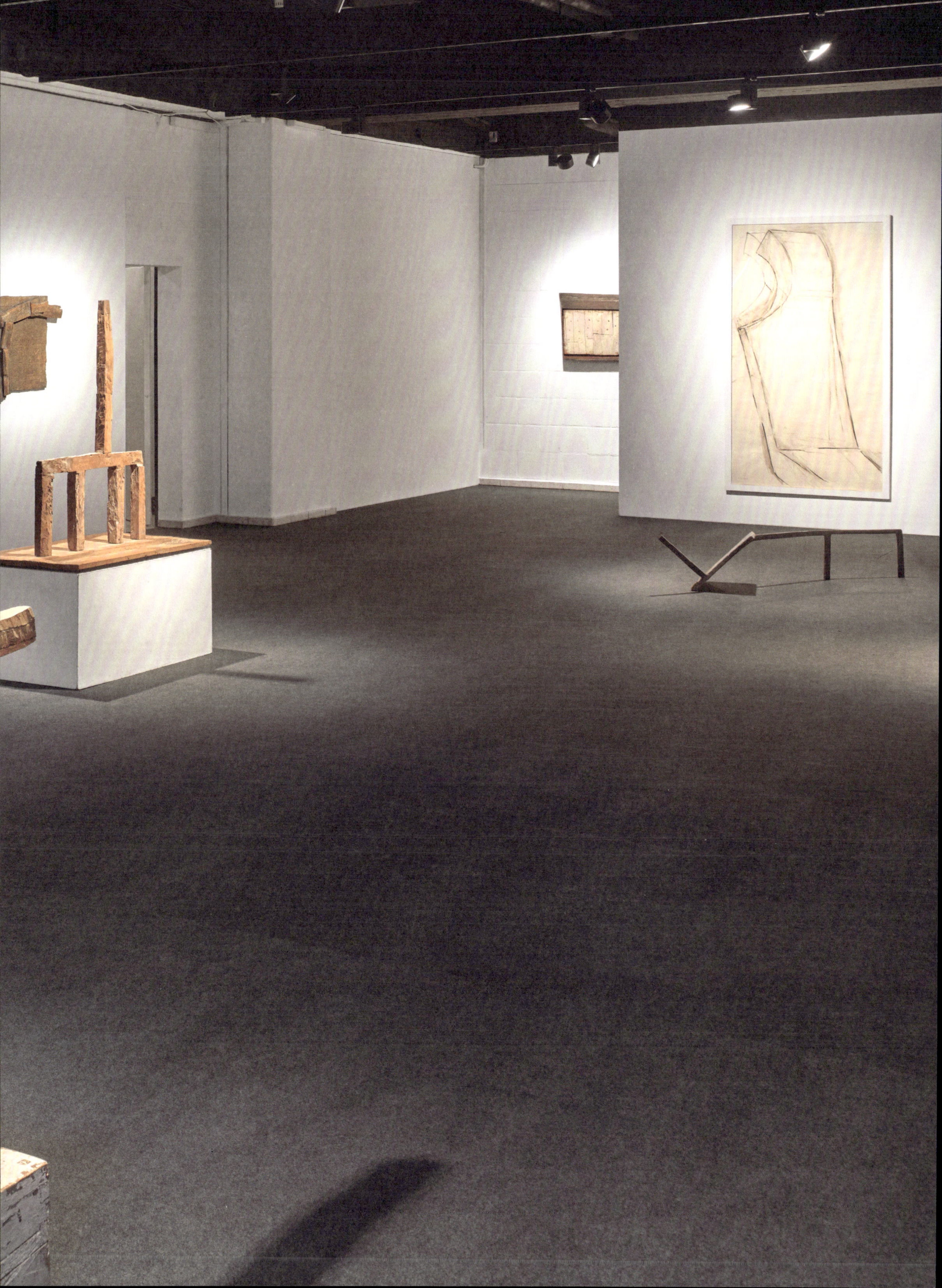

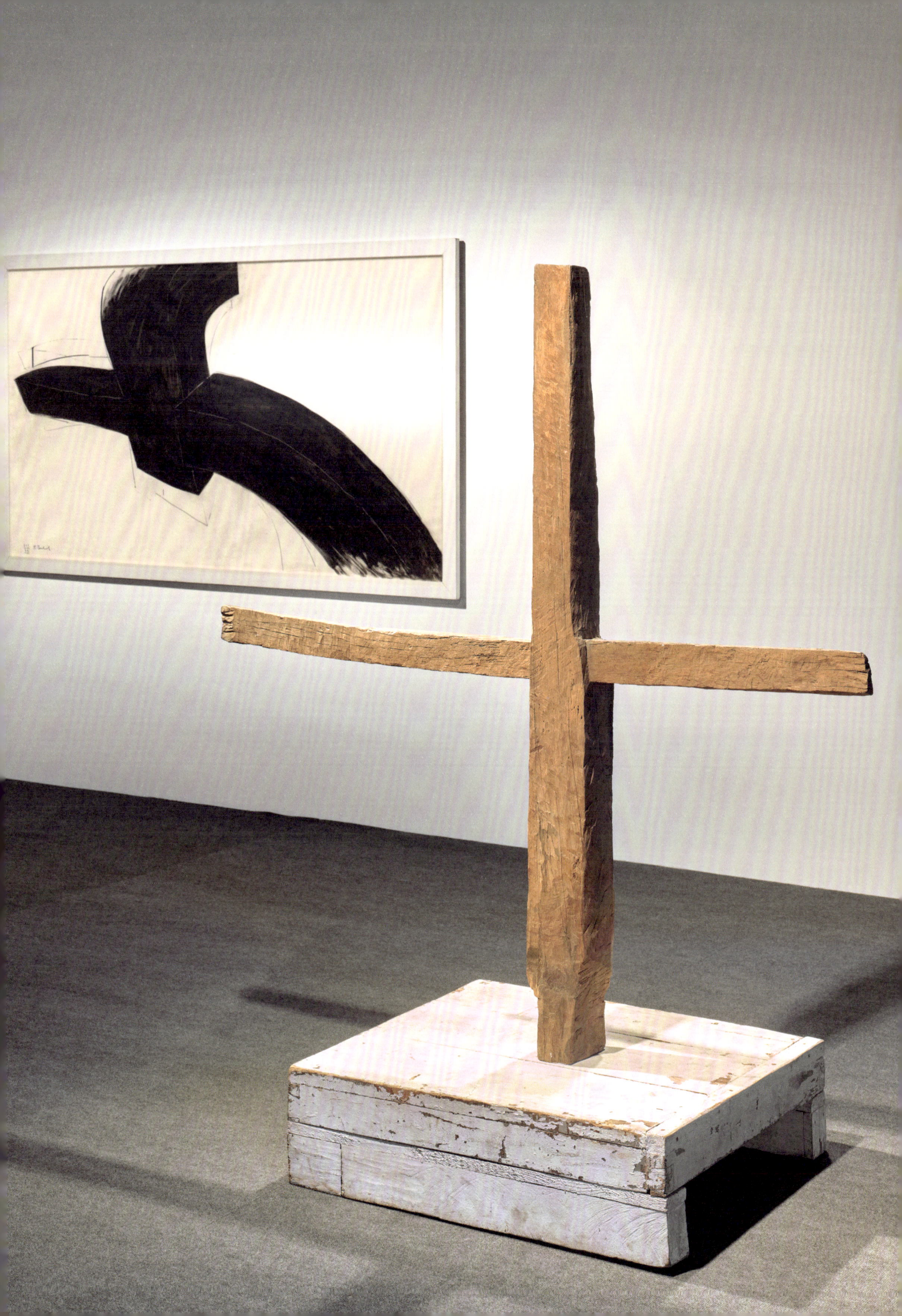

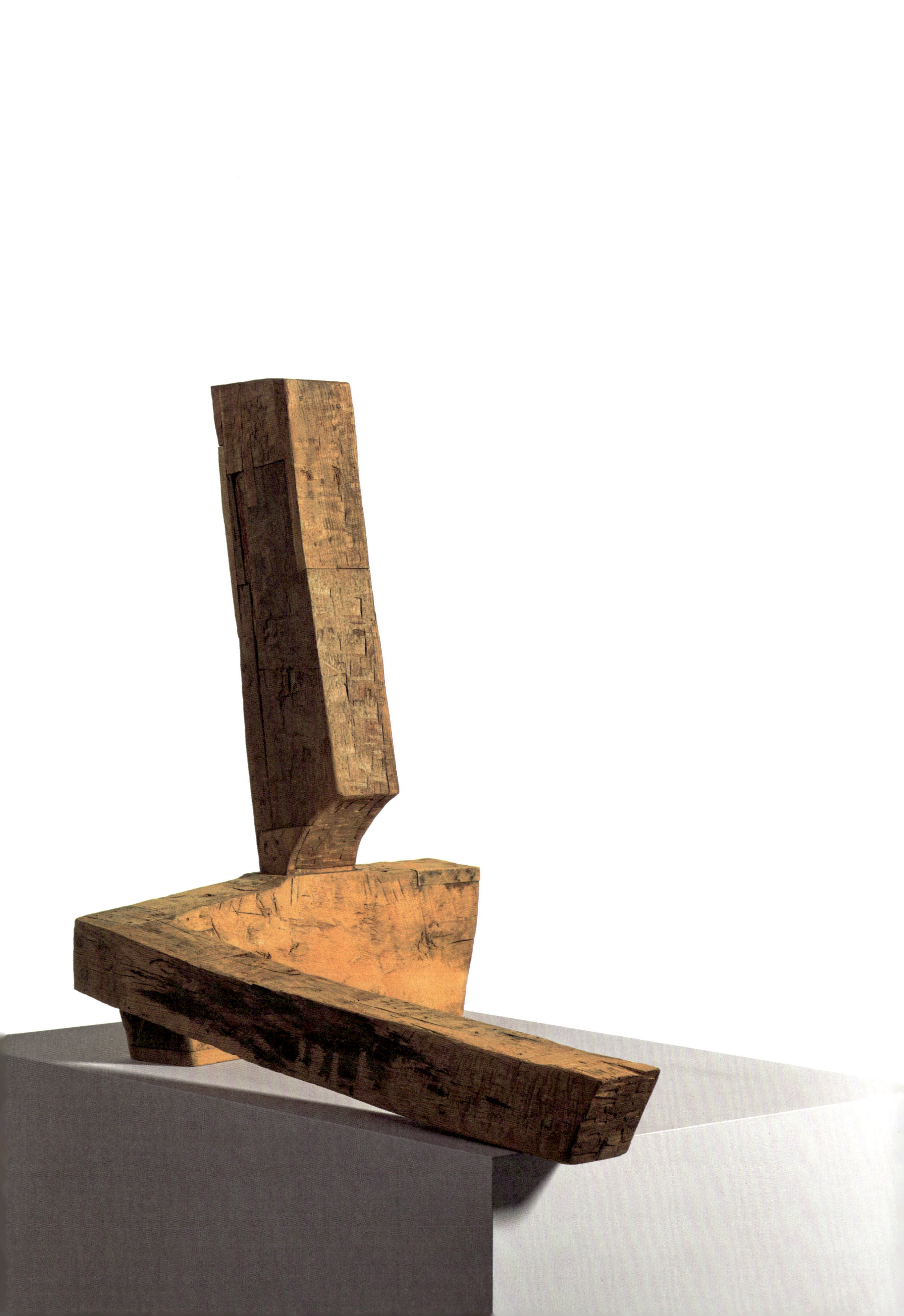

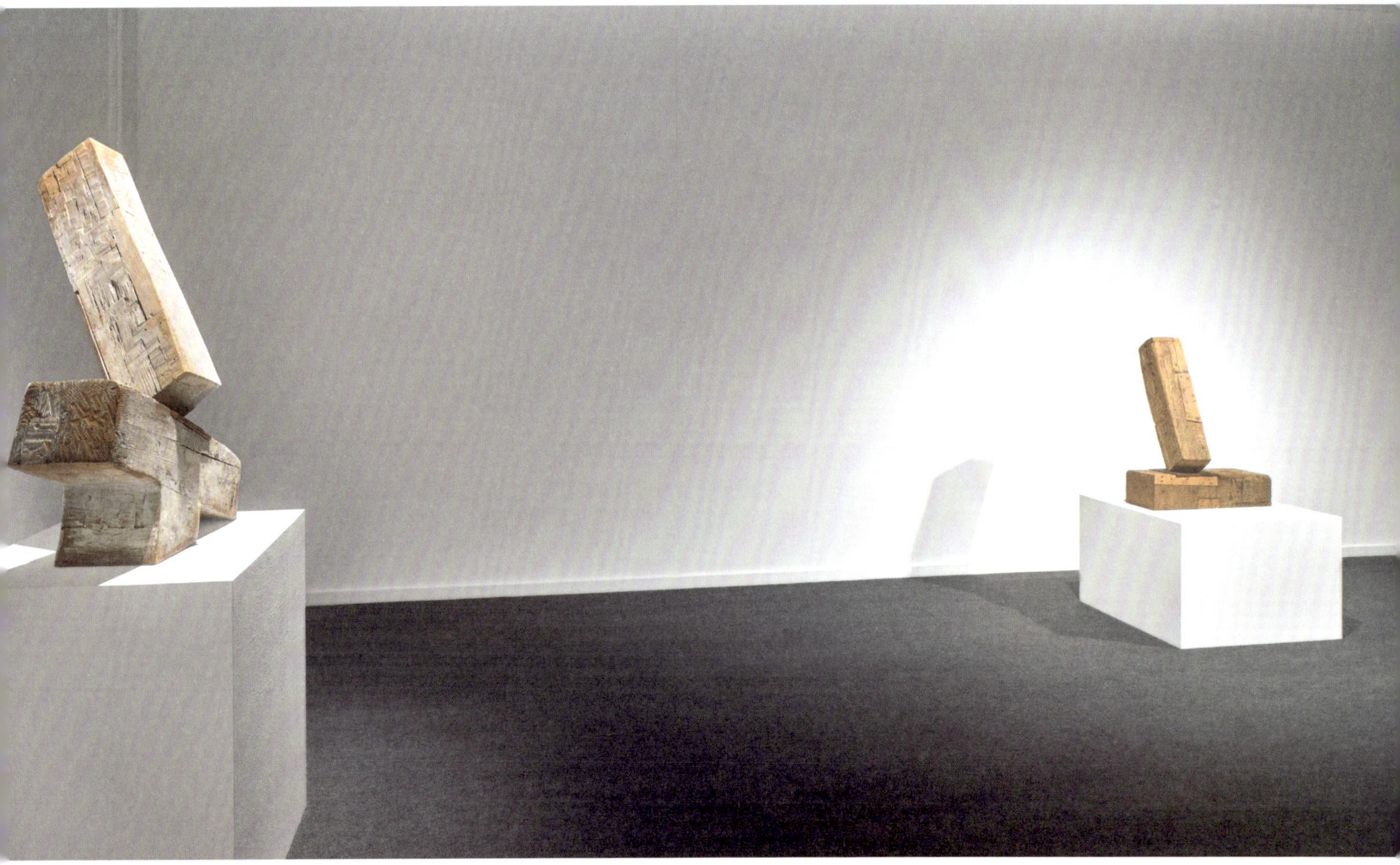

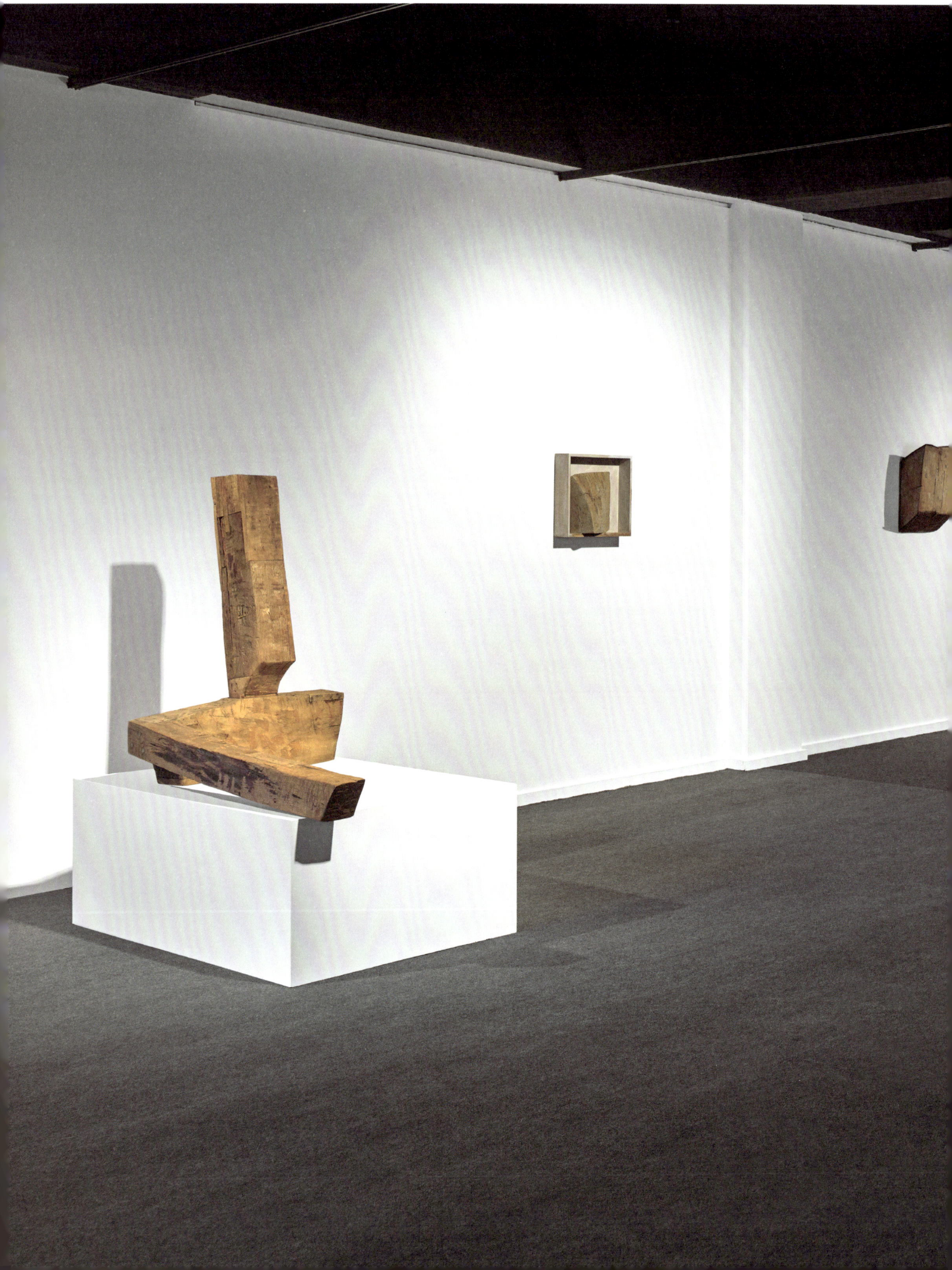

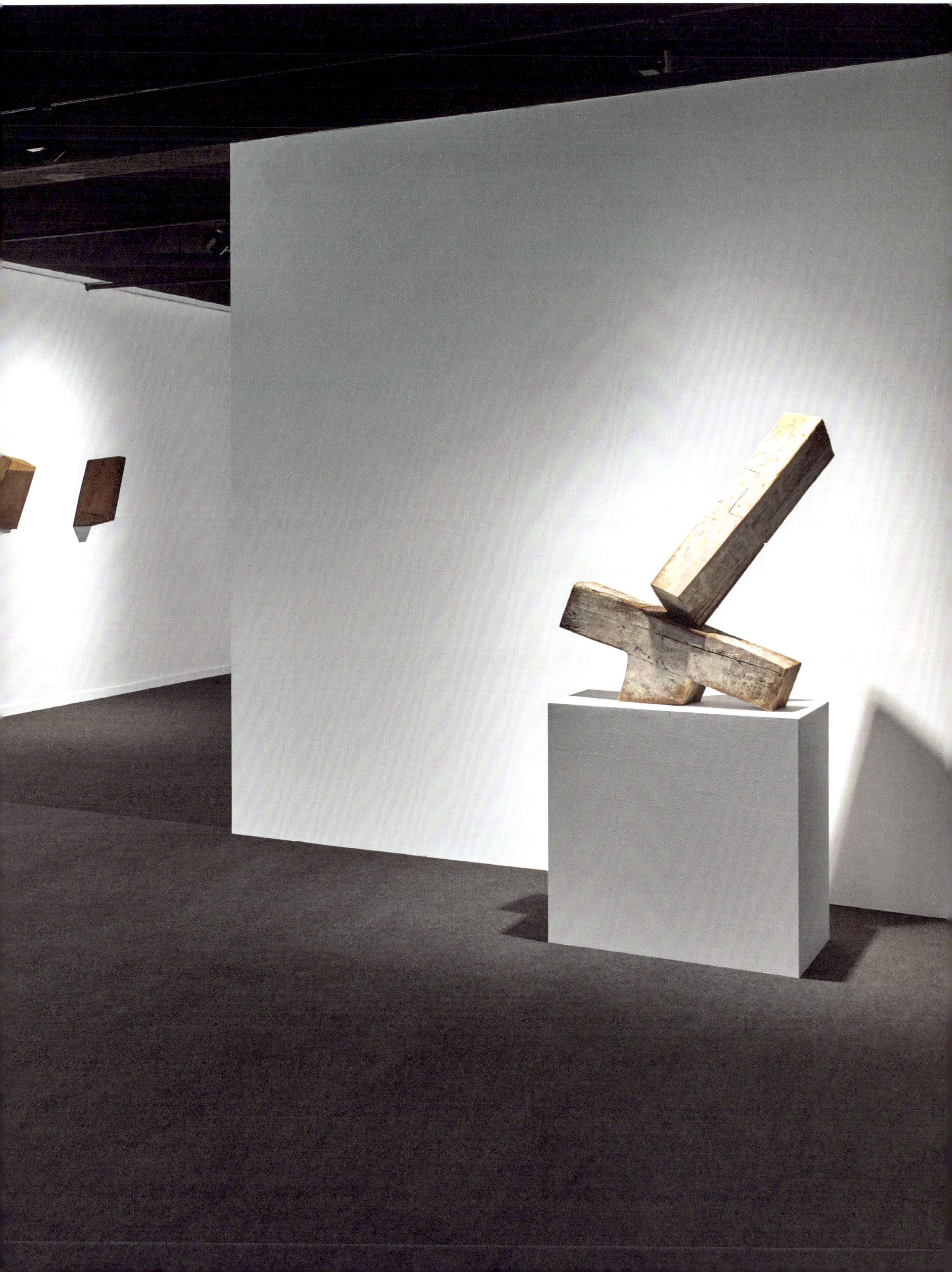

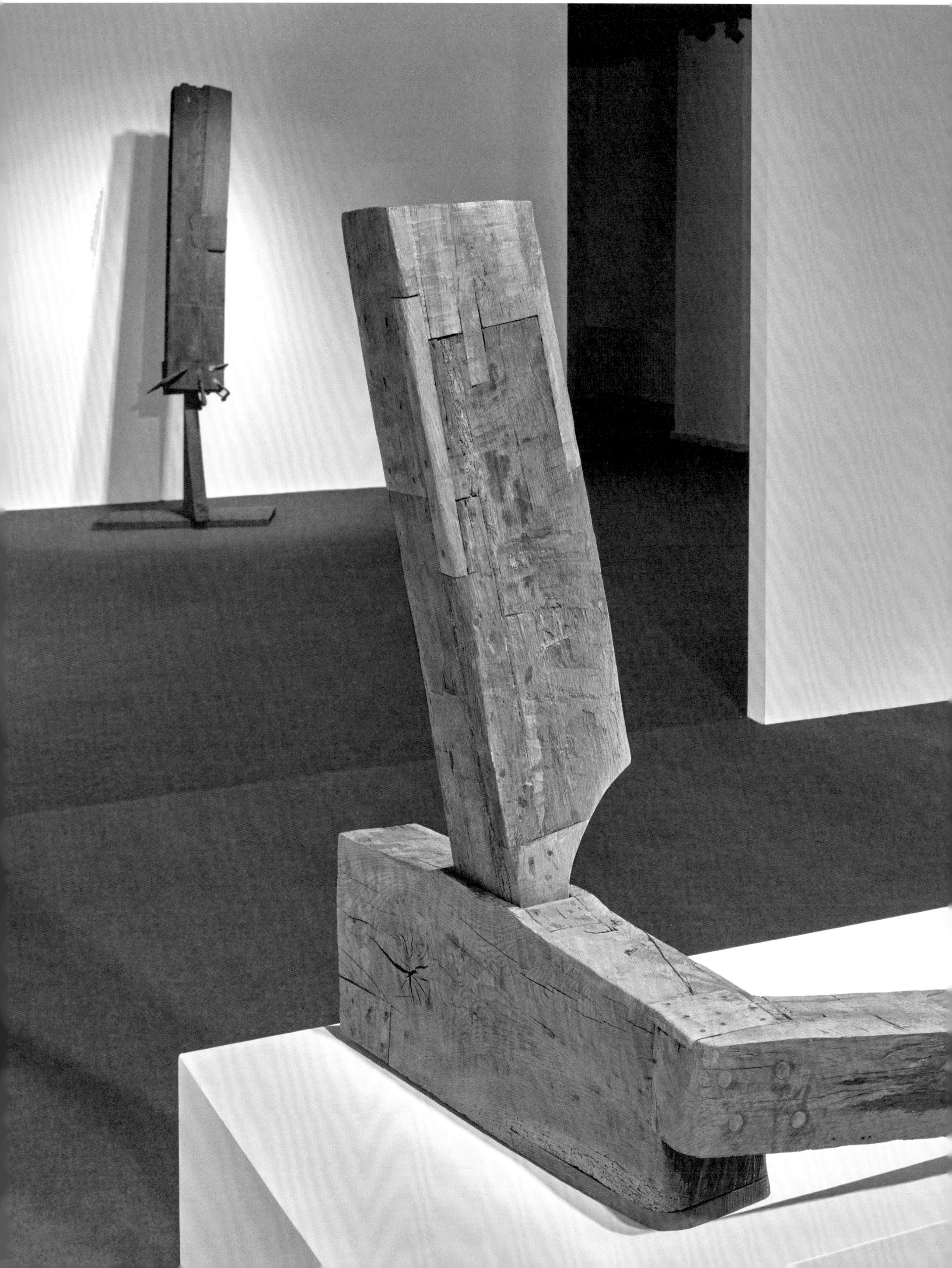

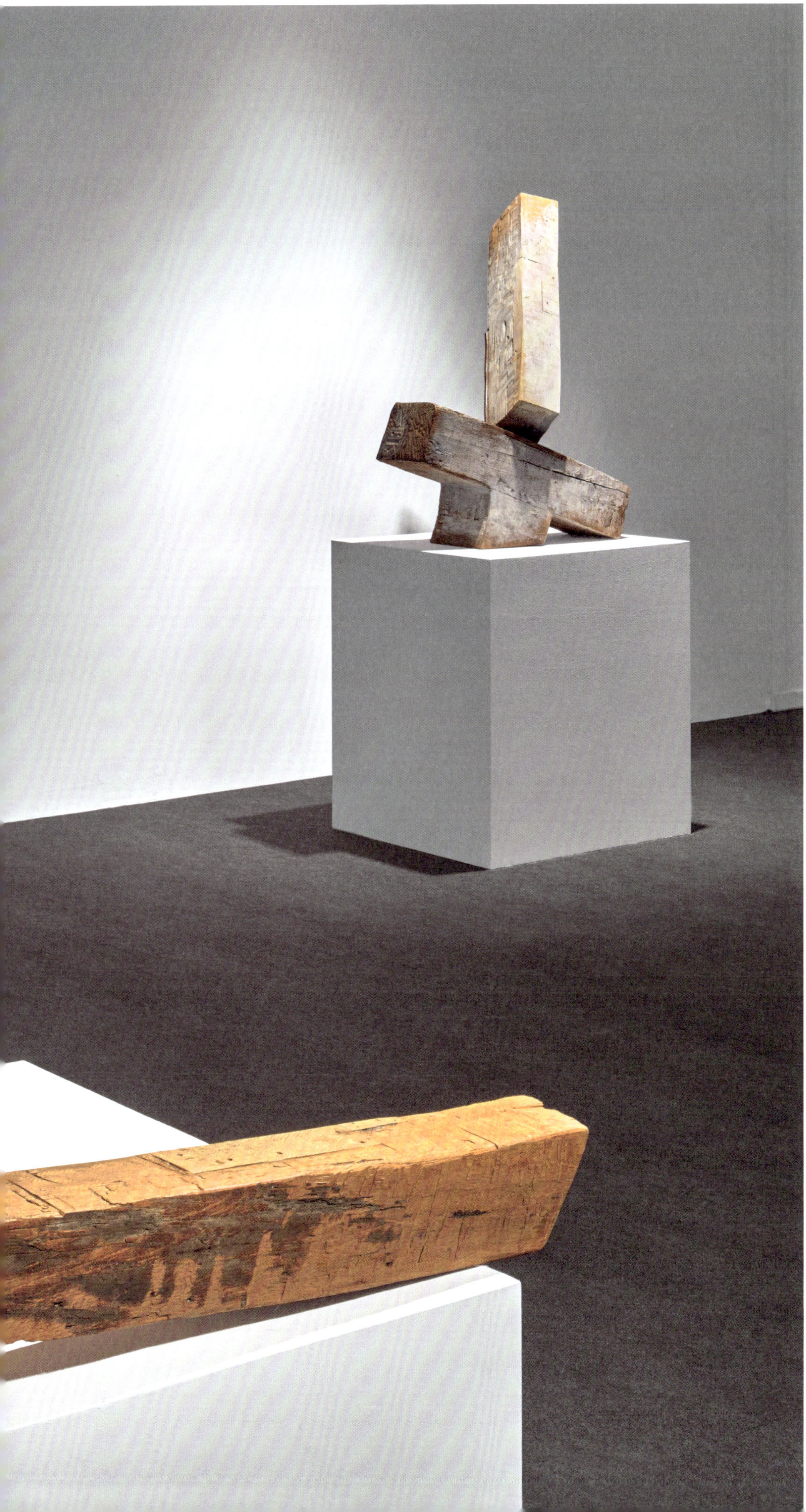

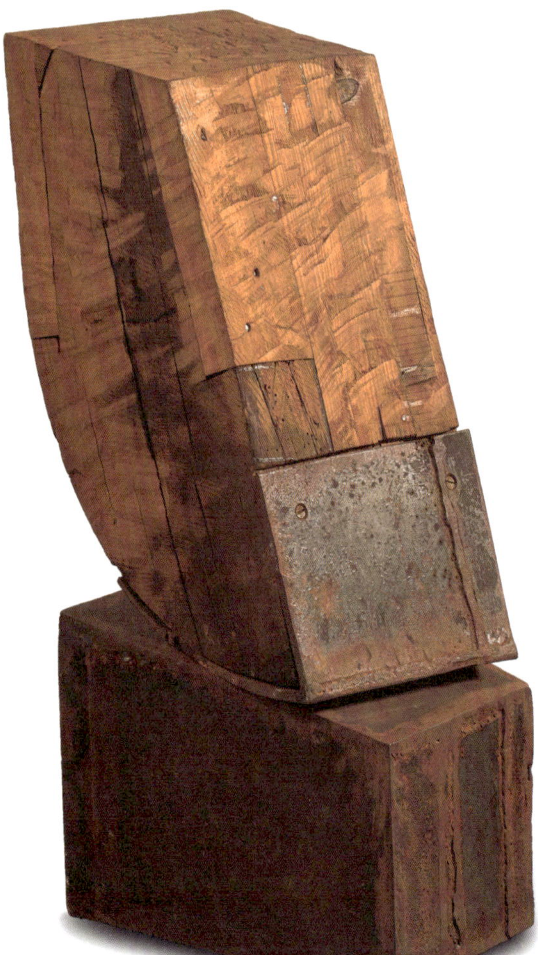

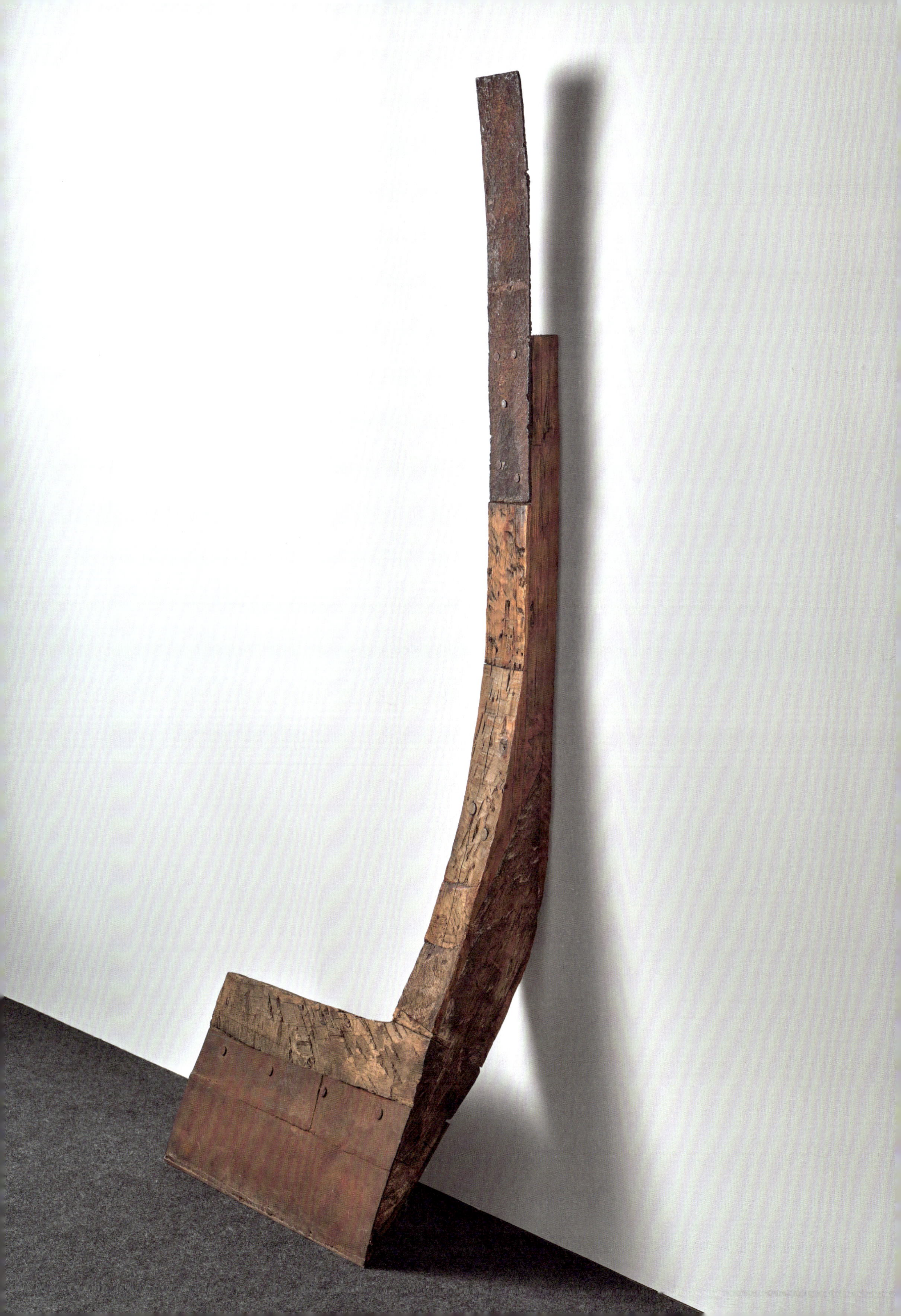

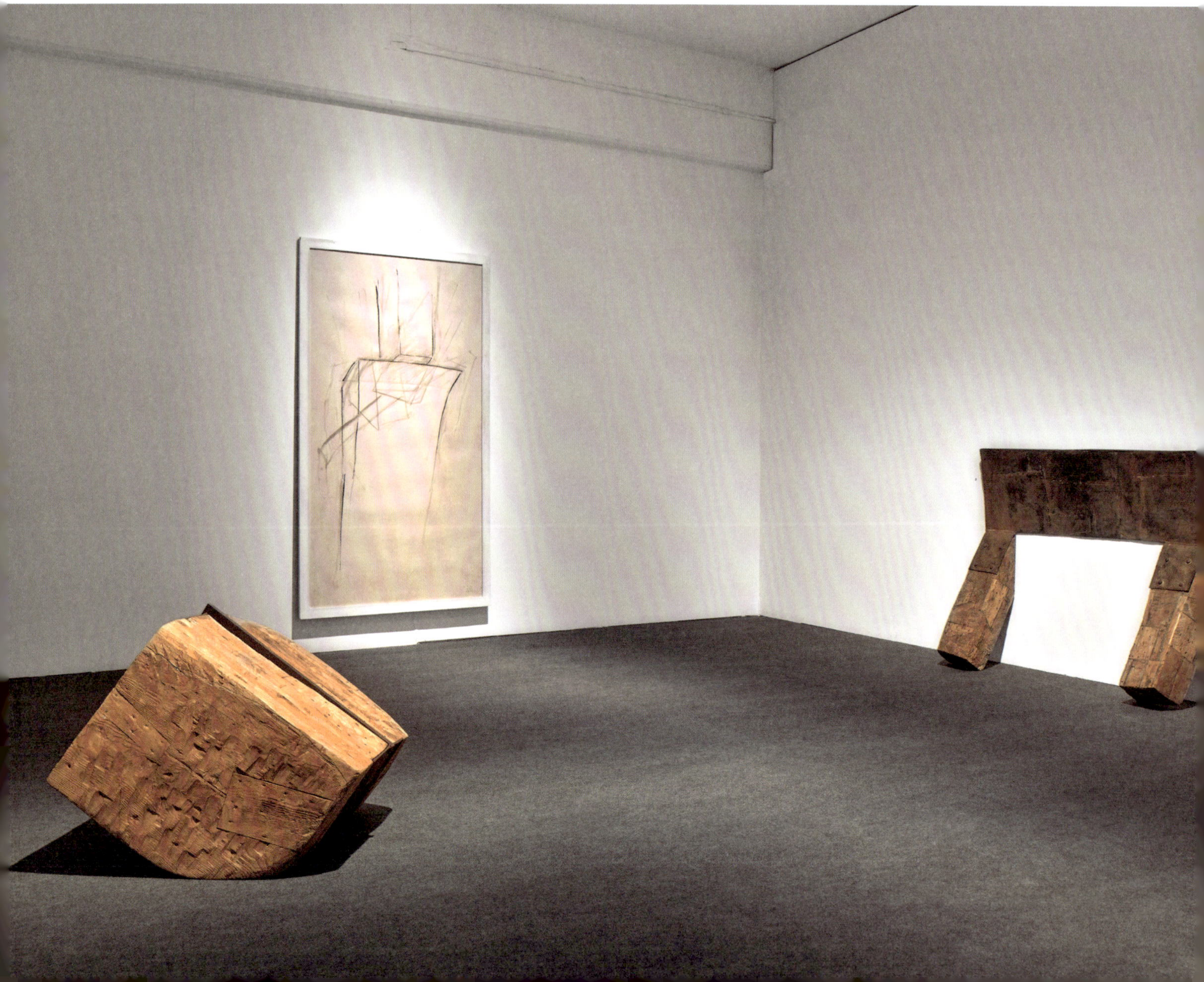

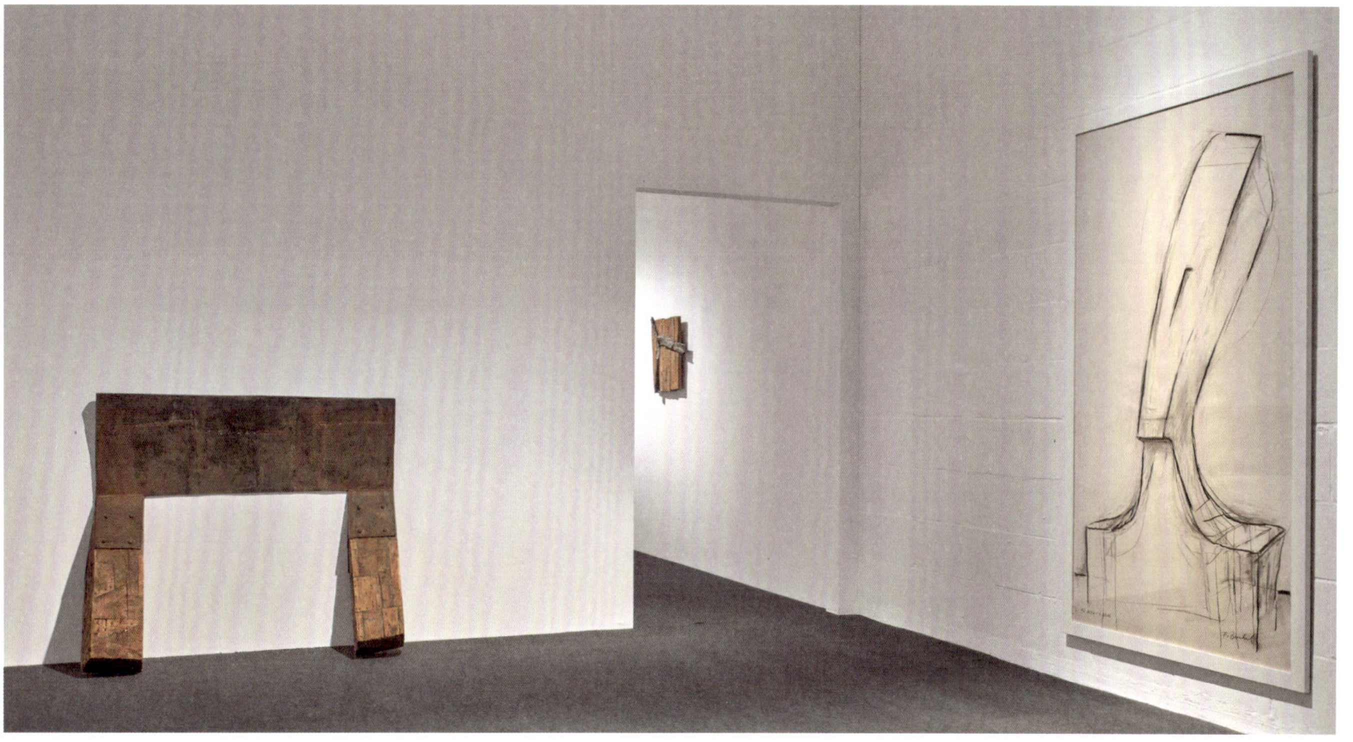

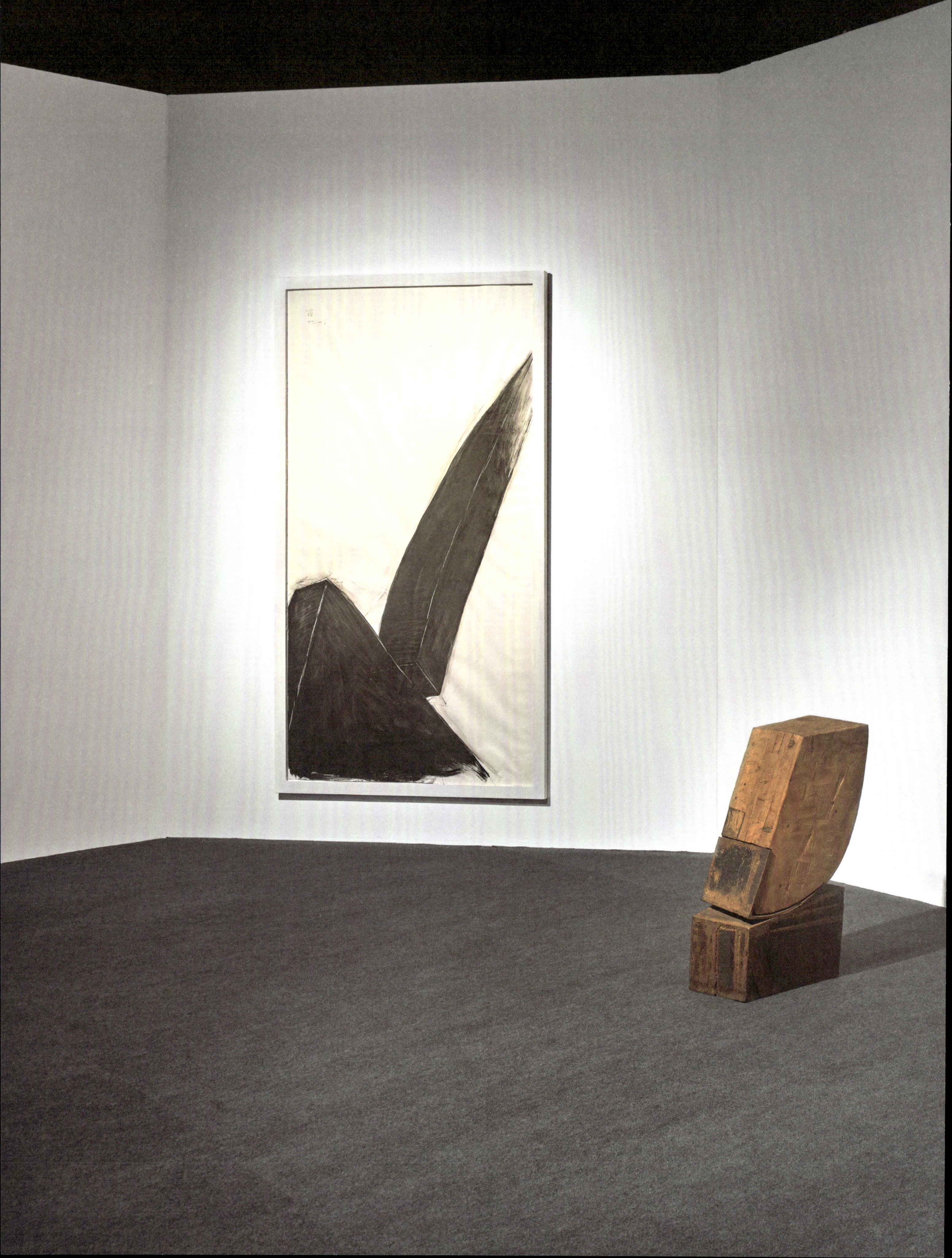

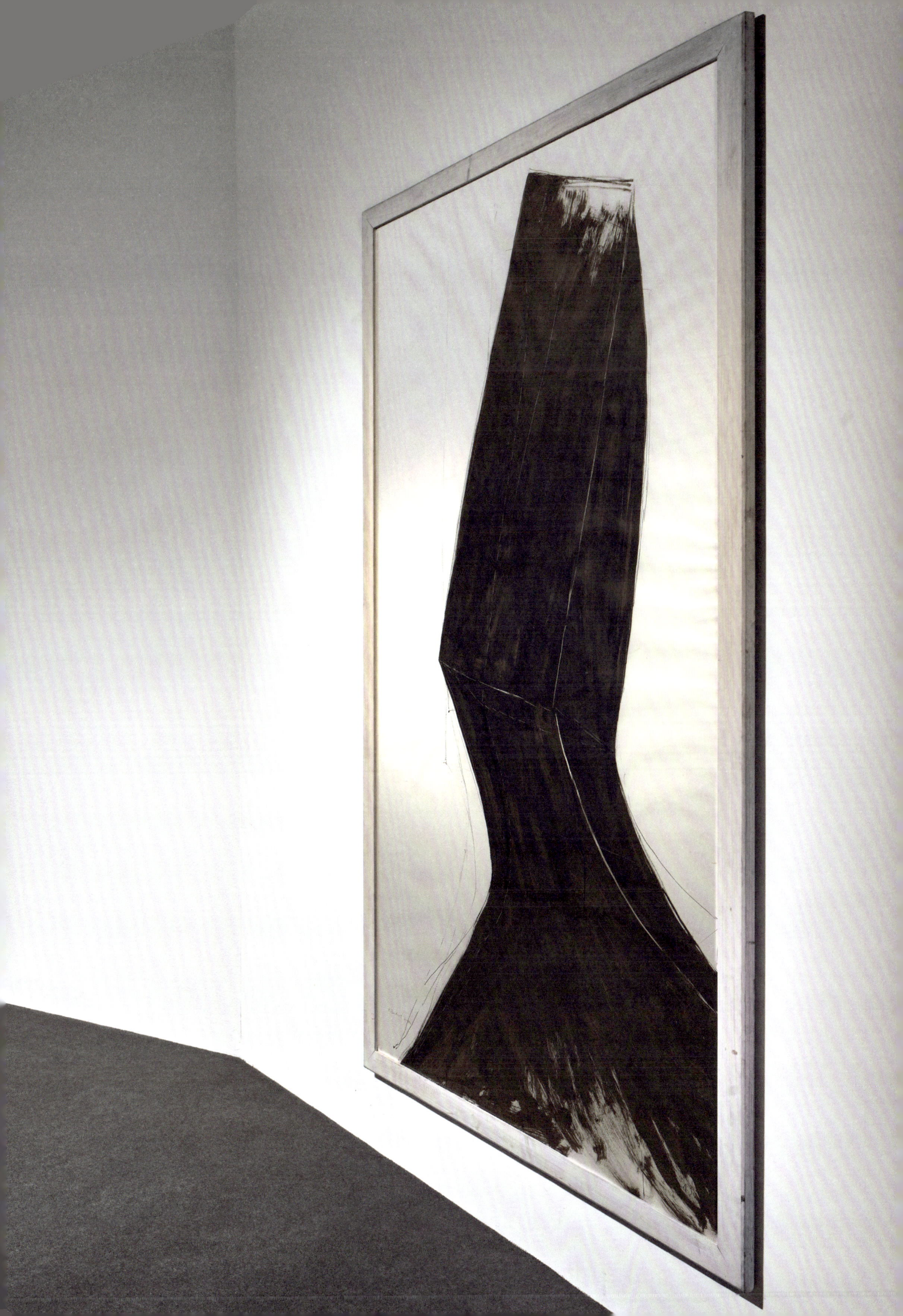

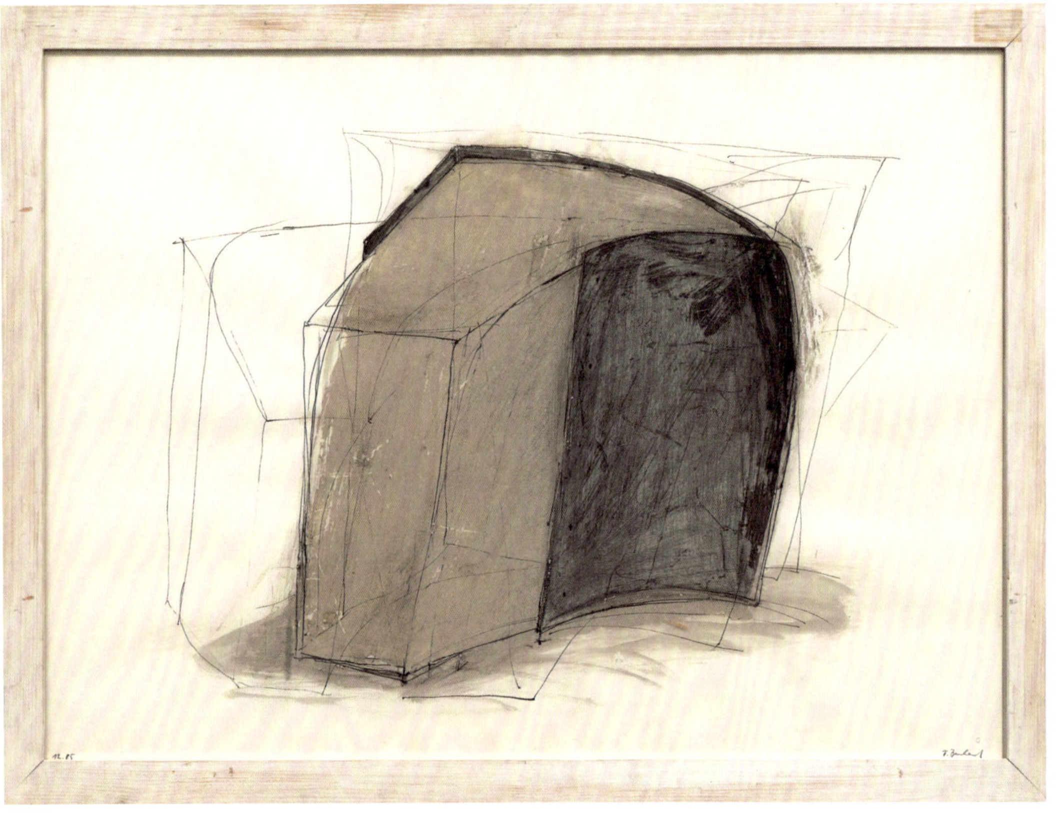

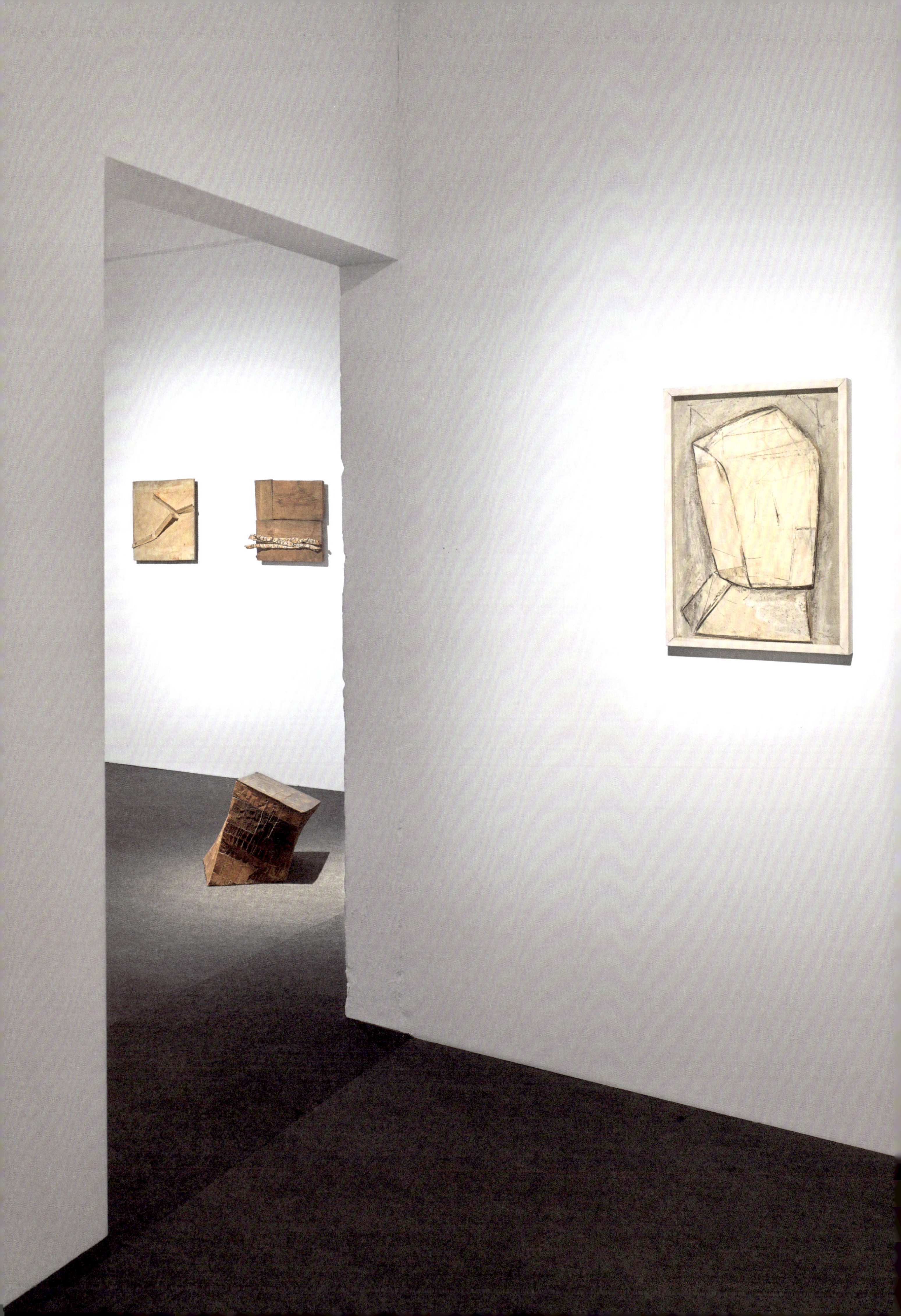

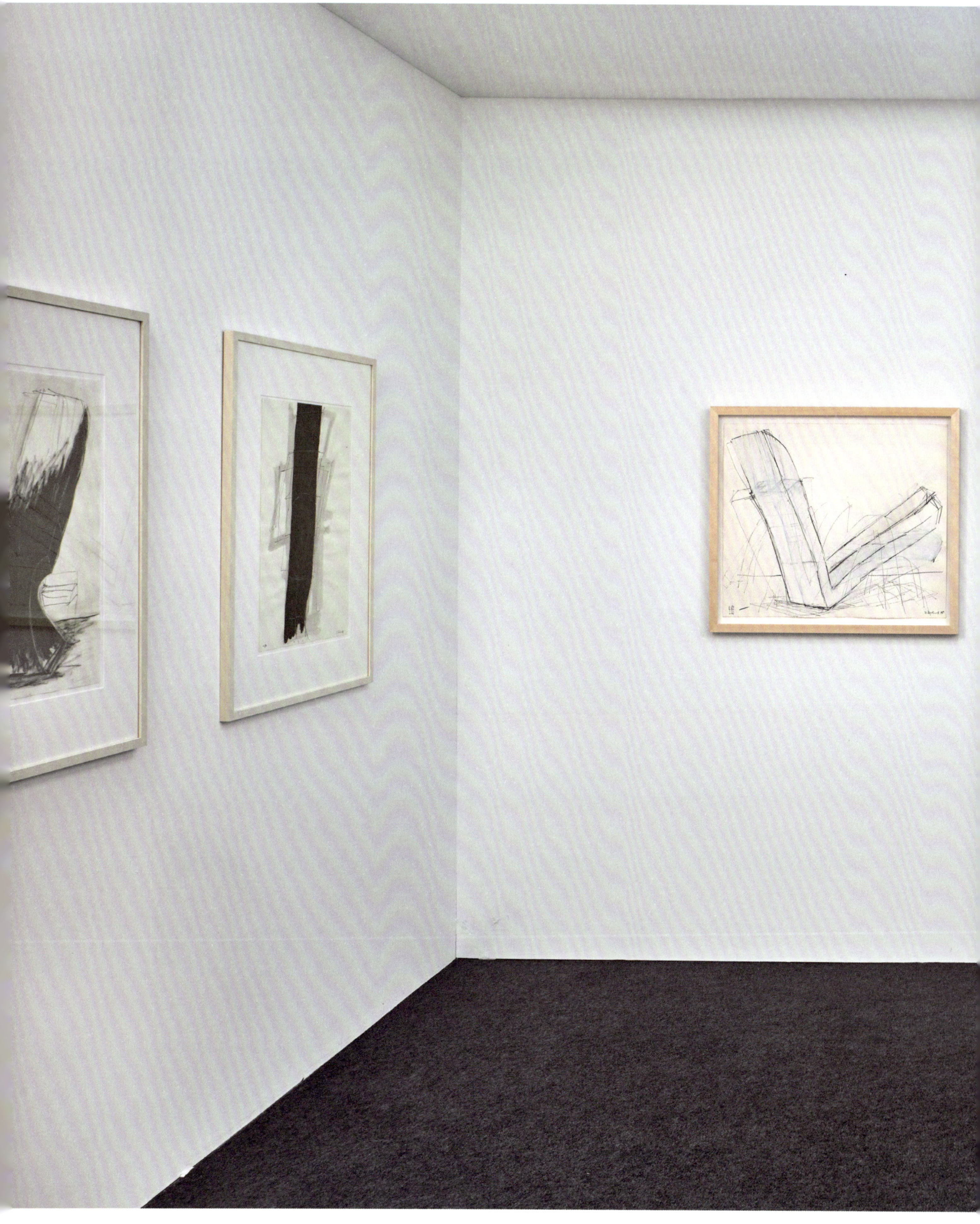

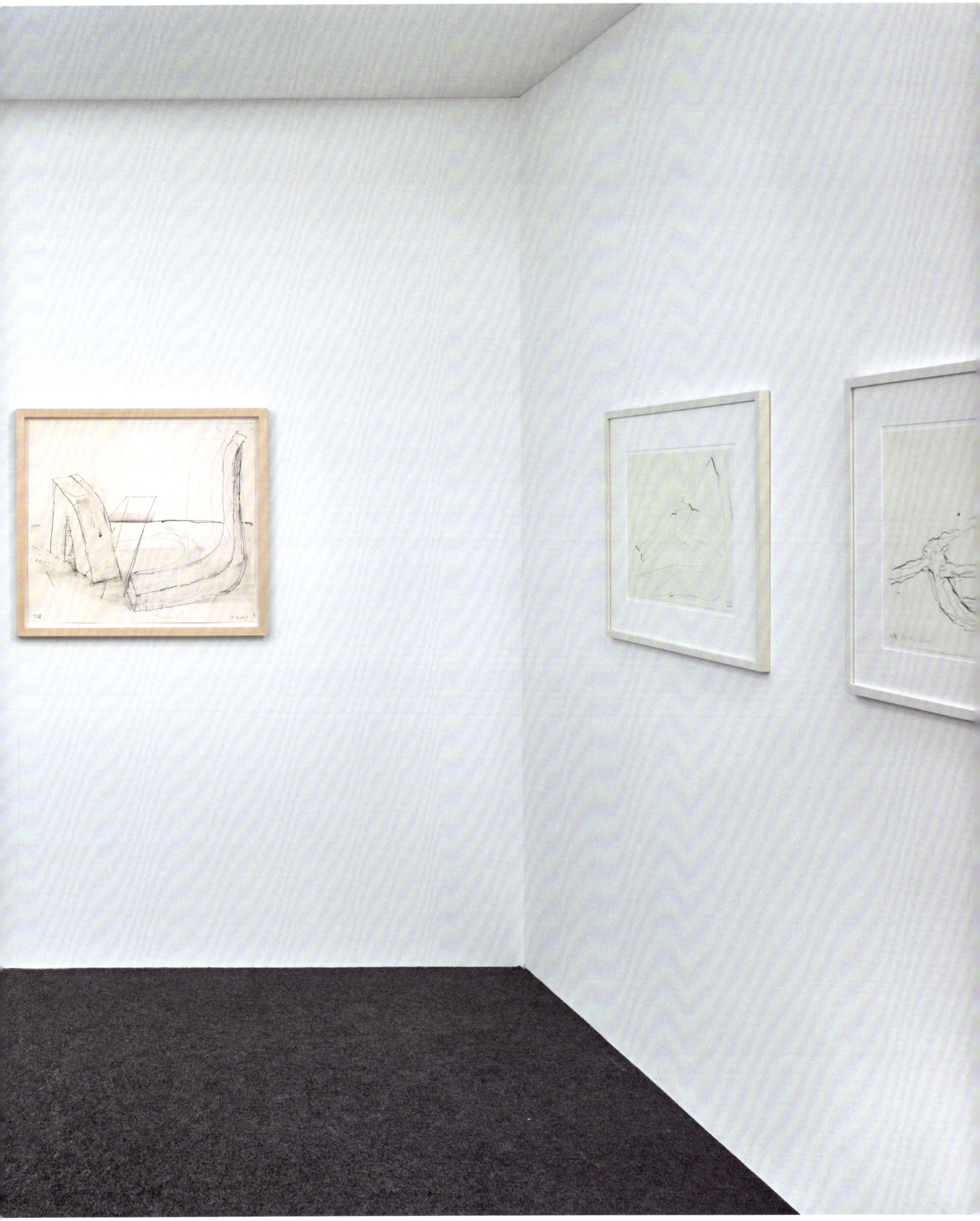

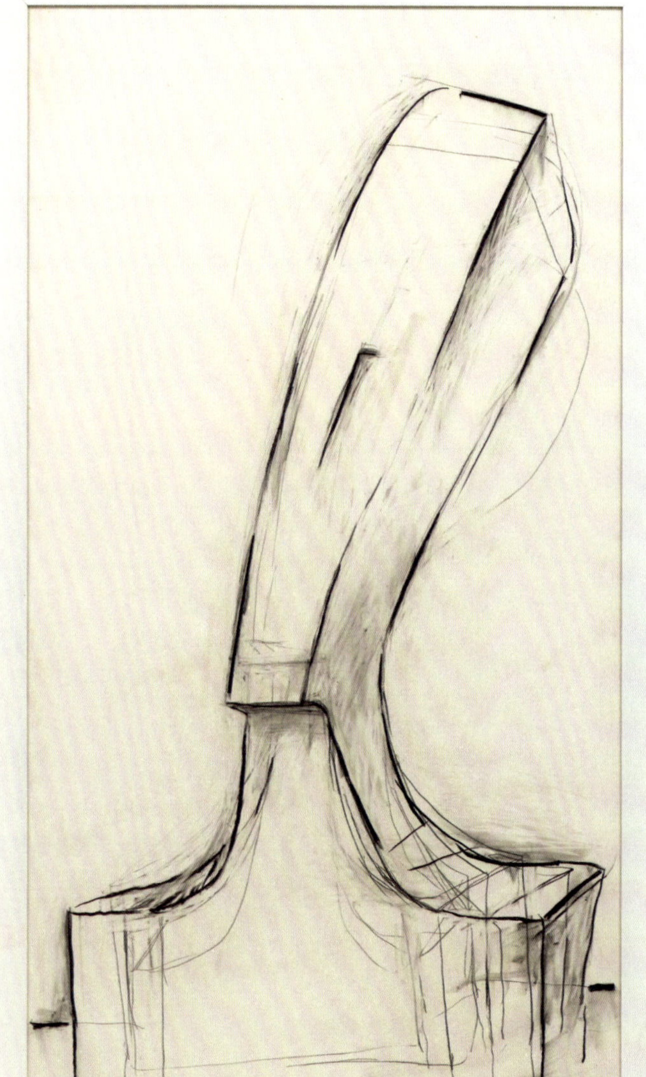

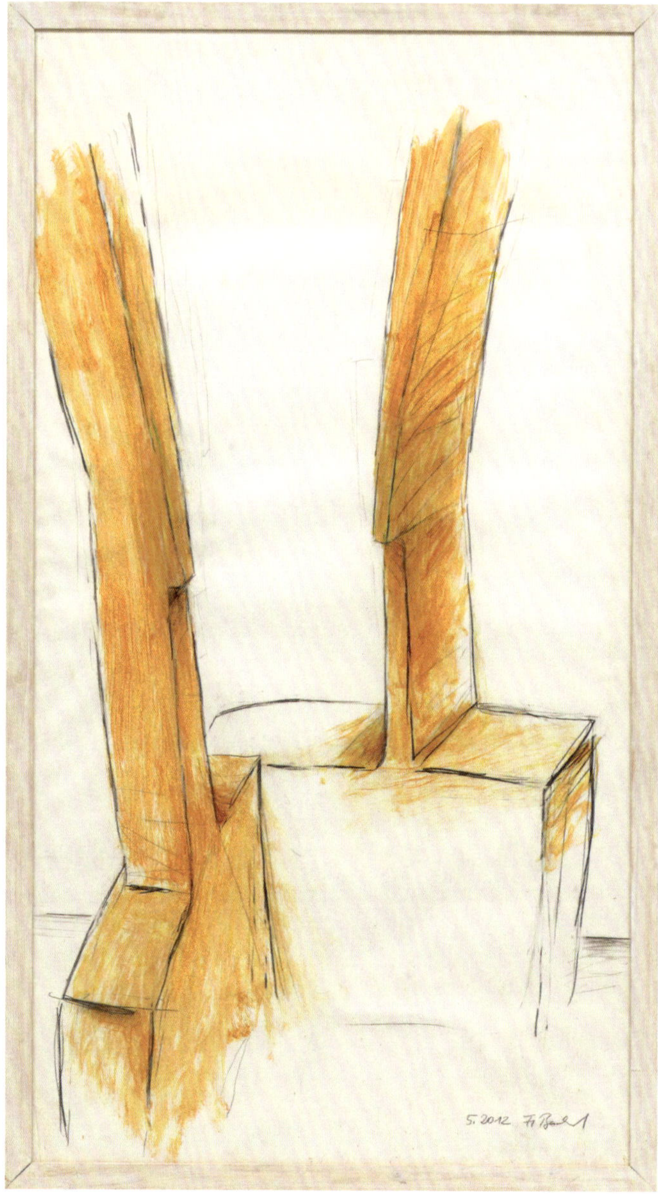

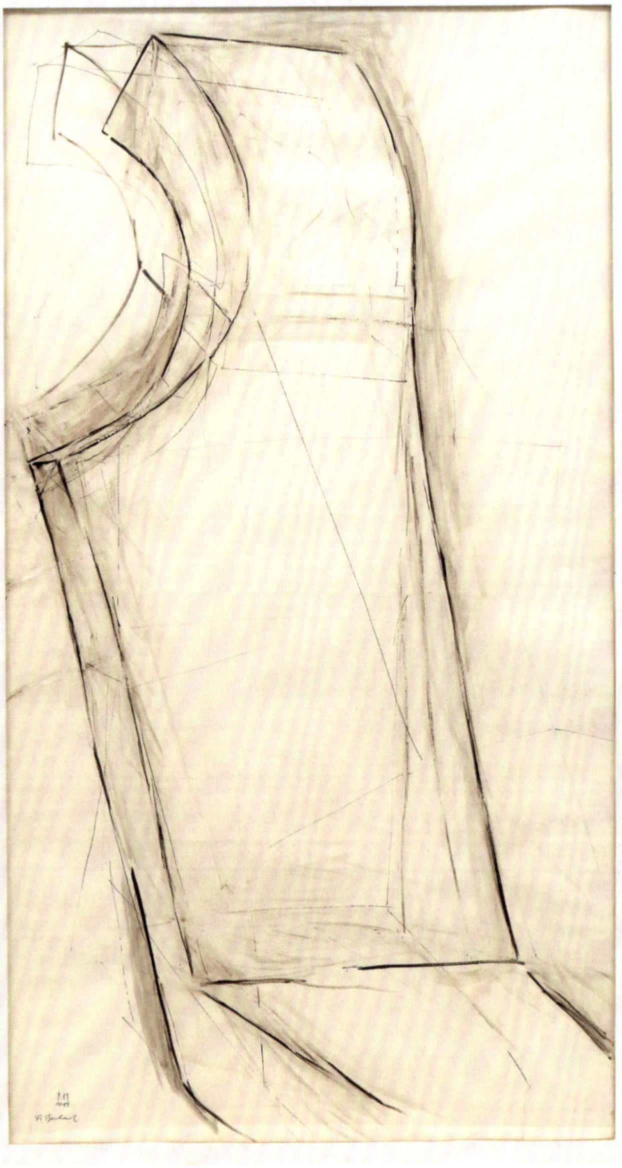

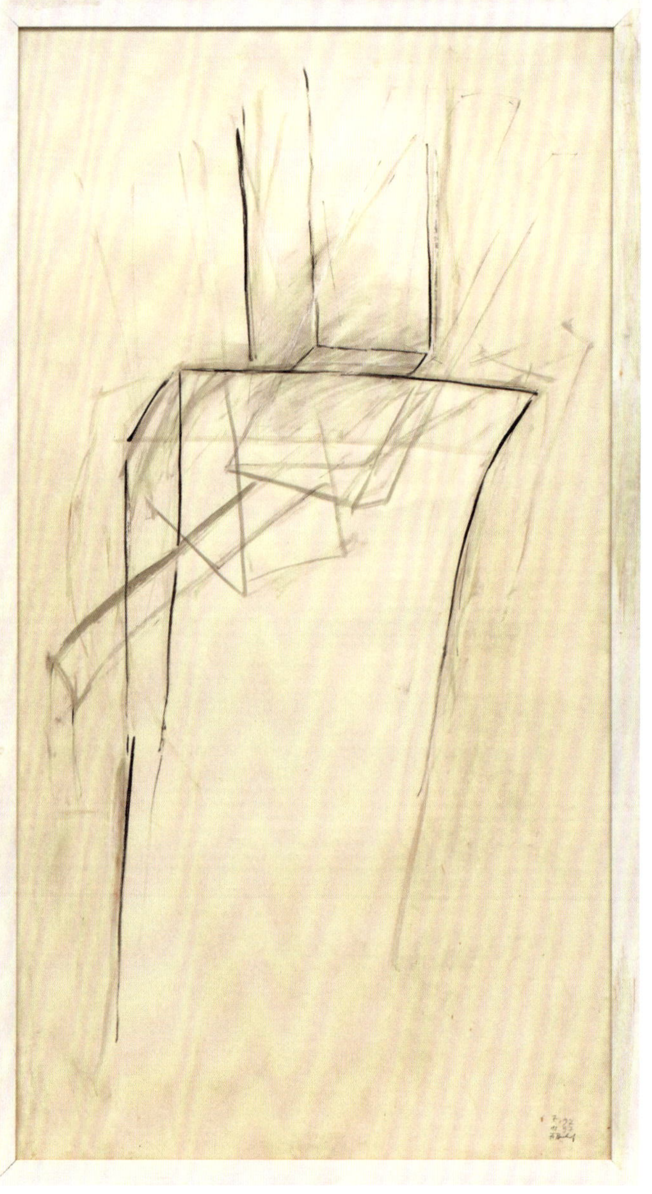

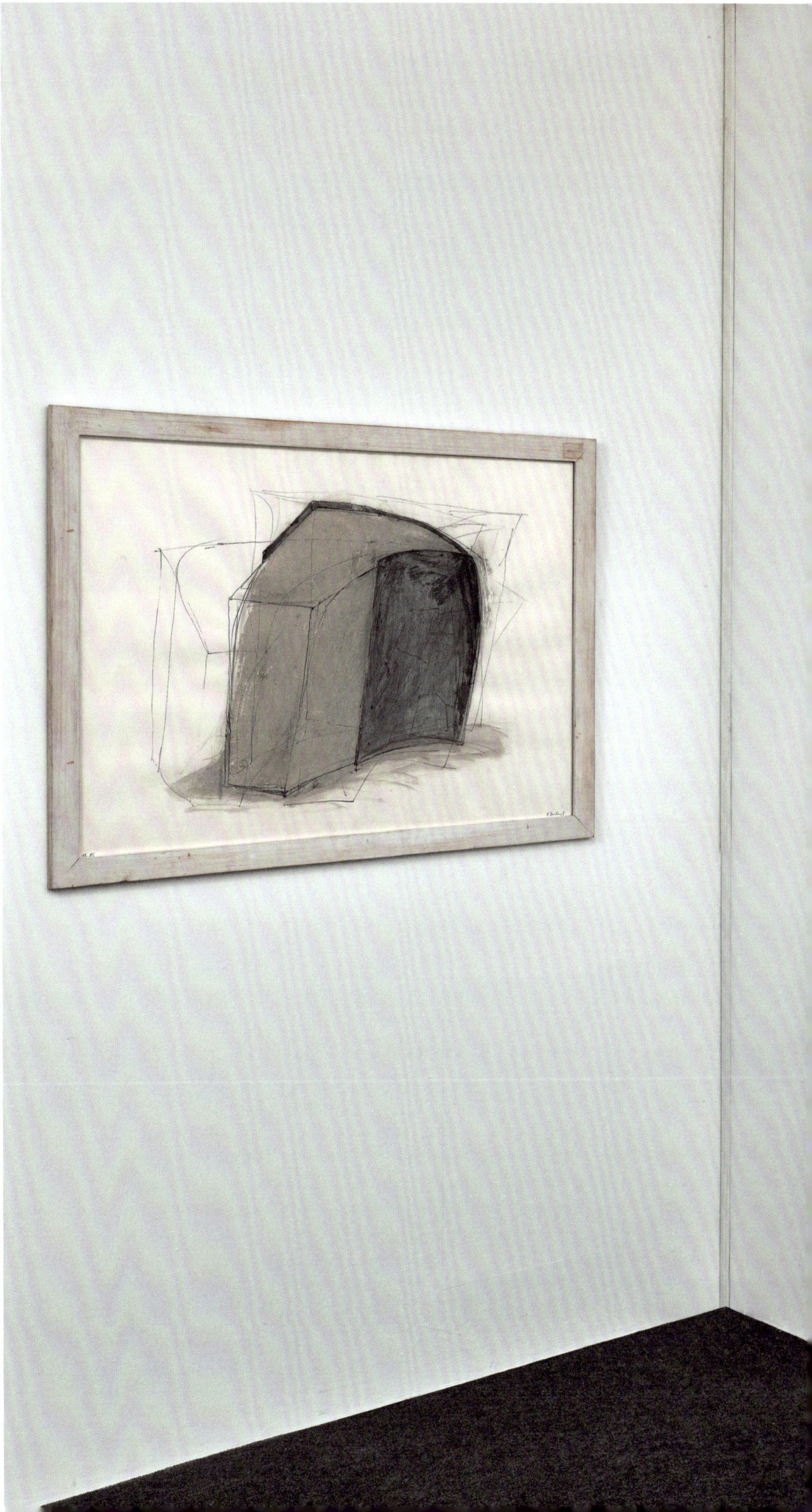

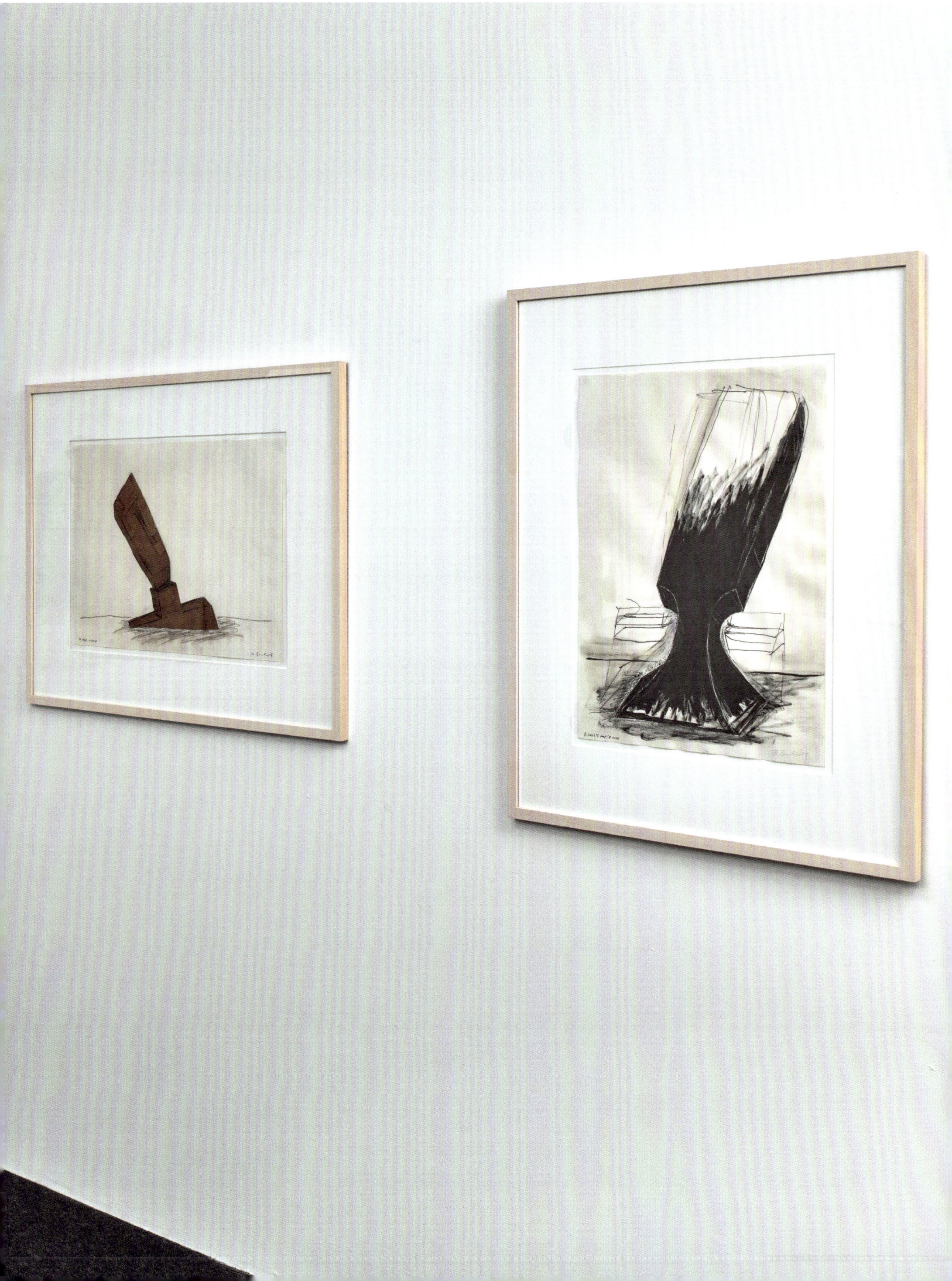

Biografie

1934	geboren in Neuhäuser (Nové Chalupy), südliche Sudeten
1946	Übersiedlung nach Siegelsbach, Kreis Heilbronn
1949	Beginn einer Schreinerlehre
1950–1956	Humanistisches Gymnasium in Königstein im Taunus (Abitur), danach in verschiedenen Berufen tätig
1959–1966	Studium an der Kunstakademie Karlsruhe Bildhauerei bei Wilhelm Loth Werken bei Fritz Klemm
1969	Heirat mit Lucia Baum
1972	Umzug nach Jockgrim
1990–1992	Mitglied der Akademie der Künste Berlin
1994–2001	Erster Vorsitzender des Künstlerbundes Baden-Württemberg
2013	gestorben in Jockgrim

Biography

1934	born in Neuhäuser (Nové Chalupy), Southern Sudetes
1946	moves to Siegelsbach (district of Heilbronn)
1949	begins an apprenticeship as a carpenter
1950–1956	graduates from the Humanistic Secondary School in Königstein/Taunus (Abitur), followed by work in various sectors
1959–1966	studies at the Academy of Fine Arts, Karlsruhe Sculpture class of Wilhelm Loth Production class of Fritz Klemm
1969	marries Lucia Baum
1972	moves to Jockgrim
1990–1992	member of the Academy of Arts, Berlin
1994–2001	chairman of the Artists' Association of Baden-Württemberg
2013	dies in Jockgrim

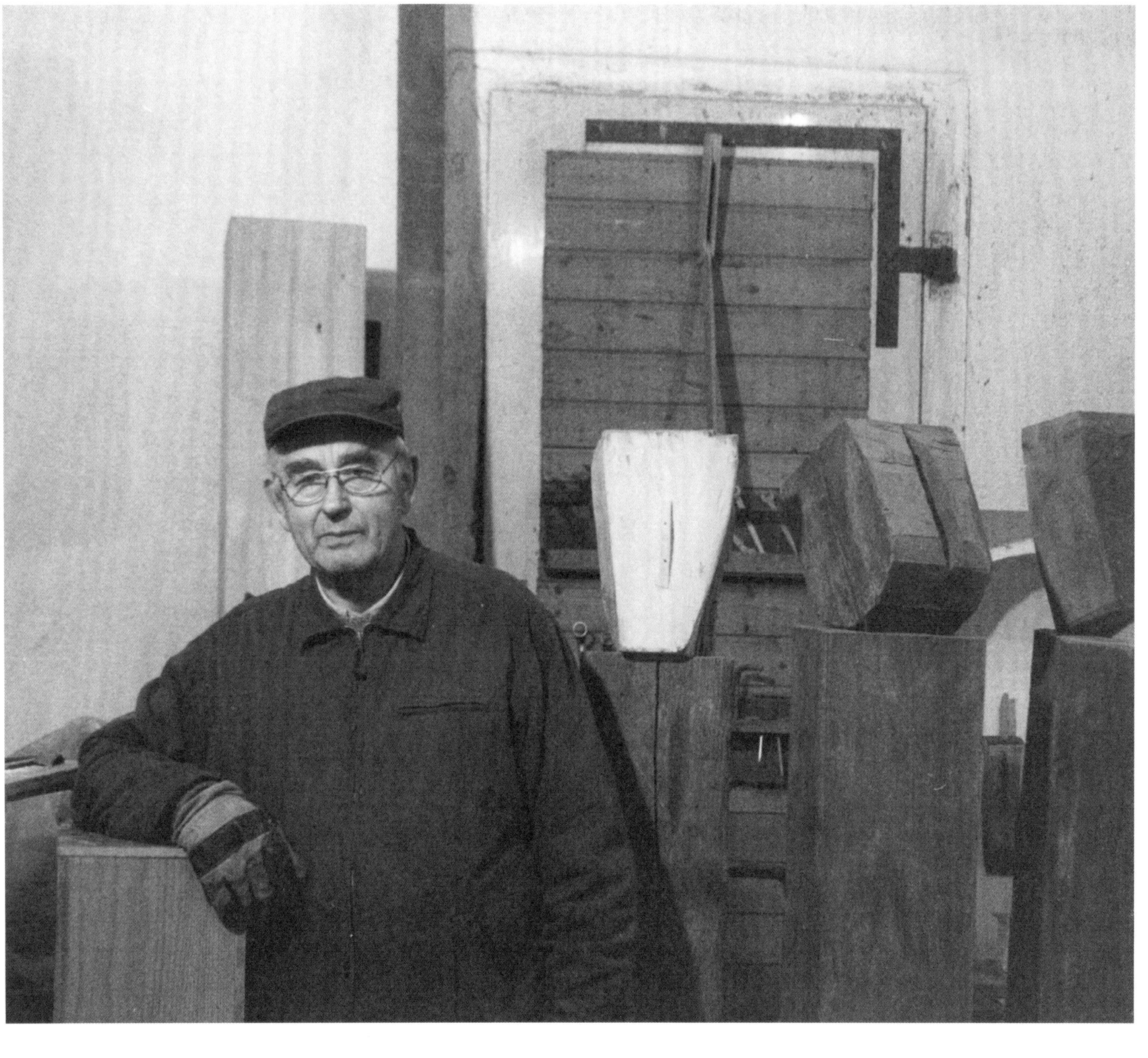

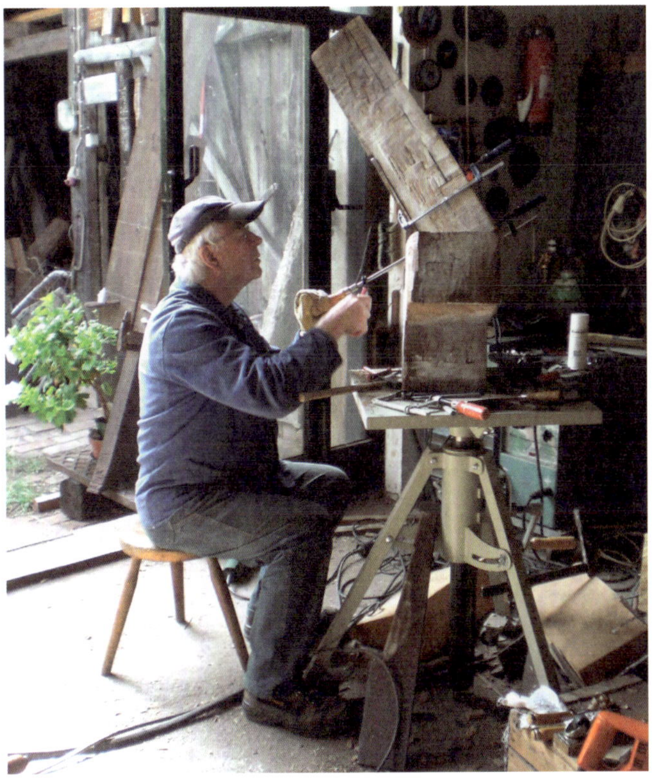

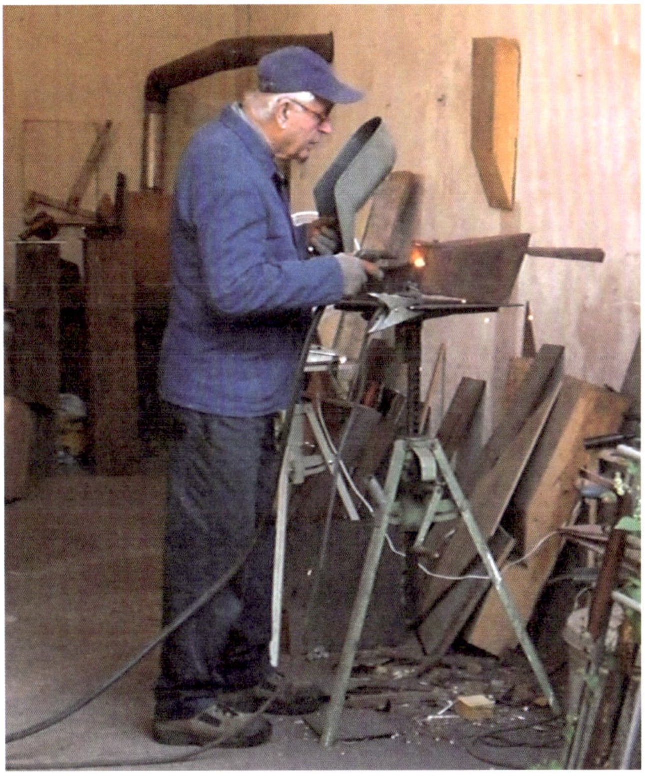

Auszeichnungen, Kunstpreise und Stipendien

1963	Stipendium der Studienstiftung des Deutschen Volkes
1968	Villa-Romana-Preis, Florenz
1969	Villa-Massimo-Stipendium, Rom
1970	Wilhelm-Lehmbruck-Preis der Stadt Duisburg
1971	Stipendium aus den Mitteln des Kunstpreises Berlin
1975	Pfalzpreis für Plastik
1976	Arbeitsstipendium des Kulturkreises im Bundesverband der deutschen Industrie
1977	Hans-Thoma-Preis des Landes Baden-Württemberg
1980	Prix de la Ville de Mulhouse, (Quatrième Biennale Européenne de la Gravure de Mulhouse)
1981	Max-Lütze-Medaille, Stuttgart
1984	Kunstpreis der Heitland Foundation, Celle
1986	Kunstpreis des Landes Rheinland-Pfalz
1989	Lovis-Corinth-Preis
1998	Bundesverdienstkreuz am Bande
2004	Verdienstorden des Landes Rheinland-Pfalz
2004	Verleihung der Ehrenprofessur des Landes Baden-Württemberg
2007	Erich-Heckel-Preis des Freundeskreises des Künstlerbundes Baden-Württemberg
2014	Lebenswerkpreis des Bezirksverbandes Pfalz

Distinctions, art awards, and grants

1963	grant from the German Academic Scholarship Foundation
1968	Villa Romana Prize, Florence
1969	Villa Massimo Grant, Rome
1970	Wilhelm Lehmbruck Prize of the City of Duisburg
1971	grant funded by the Berlin Art Prize
1975	Palatinate Prize for Sculpture
1976	working scholarship from the Association of Arts and Culture of the German Economy at the Federation of German Industries
1977	Hans Thoma Prize of the State of Baden-Württemberg
1980	Prix de la Ville de Mulhouse (Quatrième Biennale Européenne de la Gravure de Mulhouse)
1981	Max Lütze Medal, Stuttgart
1984	Art Prize of the Heitland Foundation, Celle
1986	Art Prize of the State of Rhineland-Palatinate
1989	Lovis Corinth Prize
1998	Cross of Merit of the Federal Republic of Germany
2004	Order of Merit of the State of Rhineland-Palatinate
2004	awarded the title of Honorary Professor from the State of Baden-Württemberg
2007	Erich Heckel Prize of the Patrons of the Baden-Württemberg Artists' Association
2014	Lifetime Achievement Award of the Palatinate Regional Association

Werkliste | List of Works

EG WV 49 Figur FL II, 1968, Holz und Eisen, 30 × 250 × 200 (3-teilig), LB, **S. 28, 30**
WV 39 Große Sitzende, 1967, Holz und Eisen, 130 × 220 × 150 (2 Teile), LB, **S. 29, 30**
WV 343 Wandfigur, 1994, Holz und Eisen, 250 × 22 × 25, AS, **S. 28, 30**
WV 225 Liegend – Fliegend, 1981, Holz und Eisen, 83 × 295 × 140, Institut für Auslandsbeziehungen, Stuttgart (Dauerleihgabe Skulpturenmuseum Glaskasten Marl), **S. 29, 30**
WV 501 Kopf, schwebend, 2011, COR-TEN-Stahl, 180 × 108 × 125, LB, **S. 29**
WV 502 Kopf, liegend, 2011, COR-TEN-Stahl, 80 × 187 × 110, LB, **S. 28, 31**

UG Raum I WV 348 Block-Kopf, 1994, Holz und Eisen, 65 × 66 × 87, AS, **S. 2, 56**
WV 144 Figur Tor, 1973, Holz und Eisen, 117 × 130 × 38, LB, **S. 56, 57**
Große Zeichnung F – 63 – 1997, 200 × 110, LB, **S. 2, 56, 65**
Große Zeichnung F – 72 – 2013, 200 × 110, AS, **S. 57, 64**

UG Raum II WV 136 In Erinnerung an einen Kopf, 1973, Holz und Eisen, 55 × 50 × 42, AS, **S. 42, 61**
WV 65 Bogenfrau, 1969, Holz und Eisen, 90 × 170 × 200 (2-teilig), AS, **S. 23, 42**
WV 51 Relief HM I, 1968, Holz und Eisen, 60 × 60 × 9, AS, **S. 43**
WV 53 Relief HK I, 1968, Holz und Kunststoff, 50 × 50 × 9, AS, **S. 43, 57**
WV 56 Relief HP II, 1968, Papier auf Spanplatte, 50 × 50 × 9, LB, **S. 42, 61**
WV 57 Relief HP III, 1968, Holz, Papier und Draht, 52 × 47 × 9, AS, **S. 42, 61**

UG Gang von II nach III WV 176 Weißes Gesicht II, 1976, Holz und Eisen, 63 × 75 × 9, LB, **S. 40, 45**
Reliefcollage 27/2000, 63 × 44,5, AS, **S. 61**

UG Raum III Große Zeichnung F – 28 – 1989, 200 × 110, AS, **S. 14, 40, 45, 65**
WV 1 Torso, 1960, Gips (auf Eisenplatte), 72,5 × 30 × 15, Barbara Schmidt, Maximiliansau, **S. 14, 17, 41**
WV 1 Torso, 1960, Stein, 74 × 29 × 14, LB, **S. 17, 41**
WV 1a Torso, 1960, Bronze, 71 × 29 × 15, LB, **S. 17, 41**
WV 31 Kriechende, 1966, Holz und Eisen, 34 × 200 × 60, LB, **S. 14, 36, 41, 45**
WV 18 Relief LD, 1965, Holz, 73 × 79 × 11, Sammlung Gernot Eichler, Duisburg, **S. 35, 45**
WV 21 Relief S, 1965, Holz, 67 × 77 × 9, Sammlung Gernot Eichler, Duisburg, **S. 18, 35, 44**
WV 4 Büste I, 1964, Holz, Platte und Kasten, 114 × 90 × 6, LB, **S. 18, 32–33, 34, 45**
WV 5 Büste II, 1964, Holz, Platte und Kasten, 89 × 148 × 8, AS, **S. 17, 36–37, 39**
Große Zeichnung F – 57 – 1995, 110 × 200, LB, **S. 32, 37, 47**
WV 28 Für L, 1965, Holz und Podest, 154 × 152 × 14, LB, **S. 33, 44, 47**
WV 7 Ganzfigur L, 1964, Holz und Sockelkasten, 90 × 136 × 9, LB, **S. 44**

UG Raum IV Video Stefan Schell

UG Raum V Große Zeichnung F – 32 – 1990, 200 × 110, LB, **S. 9, 59**
WV 271 Kopf, 1986, Holz und Eisen, 72 × 35 × 40, LB, **S. 54, 58**
WV 258 Geschützter Kopf, 1984, Holz und Eisen, 45 × 50 × 50, LB, **o. Abb.**
Große Zeichnung F – 34 – 1990, 200 × 110, AS, **S. 9, 58**

UG Raum VI WV 467a Kopf des Alten, 2005, Holz, Eisen und Sockel, 74 × 59 × 43, AS, **S. 49, 79**
WV 467c Büste mit gestrecktem Arm, 2008, Holz und Sockel, 110 × 87 × 120, AS, **S. 48, 50, 52–53**
WV 467b Dynamische Büste, 2008, Holz, Eisen und Sockel, 99 × 77 × 61, AS, **S. 4, 49, 51, 53**
WV 492 Kopf für Medardo Rosso, 2010, Holz, 40 × 43 × 16, LB, **S. 50**

UG Raum VII WV 256 Kopf aus 2 Blöcken, 1984, Holz und Eisen, 55 × 41 × 15, AS, **S. 50–51**
WV 360 Maskierter Kopf, 1995, Holz und Eisen, 53 × 44 × 21, LB, **S. 50–51**
WV 368 Schräger Kopf, 1996, Holz und Eisen, 50 × 50 × 25, LB, **S. 51**
WV 131 Nr.4, 1973, Holz und Eisen, 220 × 100 × 40, LB, **S. 55**
Unvollendete Arbeit, 2013, Holz, Eisen und Schraubzwingen, 235 × 80 × 70, LB, **S. 12, 52**
Große Zeichnung F – 71 – 2012, 200 × 11, AS, **S. 64**

UG Raum VIII Große Zeichnung F – 53 – 1993, 200 × 110, AS, **S. 38**
Zeichnung D – 1 – 1978, 102 × 73, LB, **S. 38**

UG Raum IX (Zeichnungskabinett)
Zeichnung B – 1965, 40 × 58, AS, **o. Abb.**
Zeichnung B – 58 – 1971, 41 × 58, AS, **S. 63**
Zeichnung B – 97 – 1970, 38 × 56, AS, **S. 63**
Zeichnung C – 3 – 1978, 65 × 76, AS, **S. 63**
Zeichnung C – 1 – 1995, 64 × 76, AS, **S. 62**
Zeichnung B – 77 – 1980, 62 × 45, AS, **S. 62**
Zeichnung B – 4 – 2008, 62 × 44, AS, **S. 62, 67**
Zeichnung B – 3 – 2008, 44 × 62, AS, **S. 67**
Zeichnung D – 27 – 1985 (Collage), 73 × 102, AS, **S. 60, 66, Cover Rückseite**

Kampstraße WV 464 Schlanke Büste, 2008, COR-TEN-Stahl, ca. 580 × 290 × 260, LB (Dauerleihgabe Skulpturenmuseum Glaskasten Marl), **Umschlagabbildung, S. 6**

Provenienz Lucia Bernhard, Jockgrim (LB)
Provenienz Sammlung Andreas C. H. Schell, Karlsruhe (AS)

Einzelausstellungen 1969–2018 | Solo Exhibitions 1969–2018

1969 Staatliche Kunsthalle Baden-Baden (Ausstellungsreihe *14 x 14*)
Galerie Heide, Marburg
Galerie Klang, Köln
Galerie am Jakobsbrunnen, Stuttgart-Bad Cannstatt

1970 Villa Massimo, Rom
Badischer Kunstverein, Karlsruhe
Neue Galerie, Baden-Baden
Volkshochschule Bremen-Nord, Bremen
Galerie Regio, Lörrach
Galerie Defet, Nürnberg

1971 Wilhelm Lehmbruck Museum, Duisburg
Neue Galerie, Baden-Baden

1972 Leopold-Hoesch-Museum, Düren
Kunstverein Freiburg
Goethe-Institut, Paris
Galerie Langer, Braunschweig
Galerie Mewes, Hamburg
Galerie Rothe, Heidelberg
Galerie Heide, Marburg

1973 Museum Wiesbaden
Galerie Regio, Basel
Galerie Schneider, Karlsruhe

1974 Galerie Buchholz, München
Galerie Hetzler und Keller, Stuttgart
Galerie bei Antpöhler, Bremen (Zeichnungen)

1975 Galerie Rothe, Heidelberg

1976 Galerie Schmela, Düsseldorf
Museum des 20. Jahrhunderts, Wien
Haus am Waldsee, Berlin

1977 Kunstverein Braunschweig
Heidelberger Kunstverein
studio f, Ulm
Hans-Thoma-Kunstmuseum, Bernau im Schwarzwald

1978 Galerie Rothe, Heidelberg

1979 Art Basel, bei Galerie Rothe
Arche-beelden, Kruithuis, 's-Hertogenbosch

1980 Galerie Jürgen Ahrens, Koblenz
Städtische Kunsthalle Mannheim
Kunstmuseum Düsseldorf
Galerie Albrecht, Oberplanitzing (Südtirol)

1981 Galerie Rothe, Heidelberg
Wilhelm-Hack-Museum, Ludwigshafen (Zeichnungen)
Art Cologne, bei Galerie Rothe

1982 Galerie Albrecht, Oberplanitzing (Südtirol)
Galerie von Laar, München

1983 Galerie Kaiser, Freiburg im Breisgau
Städtische Galerie am Markt, Schwäbisch-Hall

1984 Galerie Rothe, Heidelberg
Schloss Celle, Gotische Halle
Galerie Albrecht, Oberplanitzing (Südtirol)

1985 Niederrheinischer Kunstverein, Wesel
Galerie Wentzel, Köln
Württembergischer Kunstverein, Stuttgart
Kunstverein Freiburg (Zeichnungen)
Wilhelm Lehmbruck Museum, Duisburg (Zeichnungen)

1986 Mittelrheinisches Landesmuseum, Mainz
Kunstverein Wilhelmshaven
Pädagogische Hochschule, Heidelberg
Kunstverein Speyer

1987 Art Basel, bei Galerie Wentzel
Galerie Rothe, Heidelberg
Großherzogliches Palais, Badenweiler

1988 Bahnhof Rolandseck, Remagen
Galerie Albrecht, München
Ausstellungszentrum am Fernsehturm, Ost-Berlin
Zehnthaus Jockgrim

1989 Hospitalhof, Stuttgart
Galerie Wentzel, Köln
Kunstforum Ostdeutsche Galerie, Regensburg

1990 Badischer Kunstverein, Karlsruhe
Pfalzgalerie Kaiserslautern

1991 Galerie Rothe, Frankfurt am Main
Würzburger Gesellschaft für neue Kunst

1992 Galerie Wentzel, Köln
Villa Aichele, Lörrach
Kunstverein Lüneburg
Morat-Institut für Kunst und Kunstwissenschaft, Freiburg im Breisgau (ständige Ausstellung)

1993 Evangelische Kirche Bornheim

1994 Galerie Rothe, Frankfurt am Main
Heidelberger Kunstverein
Galerie Sacksofsky, Heidelberg-Ziegelhausen
Galerie Pels-Leusden, Berlin
Skulpturenmuseum im Glaskasten Marl

1995 Mehlwaage, Freiburg (Radierungen)
Kunstverein Bochum
Kunstverein Nürnberg – Albrecht Dürer Gesellschaft, Nürnberg
Art Basel, bei Galerie Rothe
Theologische Fakultät Paderborn
Suermondt-Ludwig-Museum, Aachen
Museum Katharinenhof, Kranenburg

1996 Volksbank Kaiserslautern
Kunstverein Speyer
Saarländisches Künstlerhaus, Saarbrücken
Wilhelm Lehmbruck Museum, Duisburg (Radierungen)

Graphisches Kabinett im Westend, Frankfurt am Main
Richard-Haizmann-Museum, Niebüll und Sammlung GE, Süderlügum
Galerie Reckermann, Köln
Galerie Carzaniga & Ueker, Basel

1997 Morat-Institut, Freiburg im Breisgau (Radierungen)
Galerie Rothe, Frankfurt am Main
Museum Ostdeutsche Galerie, Regensburg
Villa Wessel, Iserlohn
Krefelder Kunstverein

1998 Kulturhalle Remchingen
Freundeskreis Wilhelmshöhe, Ettlingen
Kunstförderkreis Weinheim in den Räumen der Volksbank, Weinheim

1999 Galerie Ohse, Bremen
Museum St. Wendel, Mia-Münster-Haus
Galerie Carzaniga & Ueker, Basel

2000 Galerie Rothe, Frankfurt am Main
Galerie Ruppert, Landau in der Pfalz

2001 Städtische Museen Heilbronn, *Der Morat-Block*
Kunstverein Germersheim, *Der Morat-Block*
Museum für Kunst und Kulturgeschichte der Hansestadt Lübeck, *Der Morat-Block*

2002 Kunsthalle Erfurt, *Der Morat-Block*
Kunst-Museum Ahlen/Westfalen, *Der Morat-Block*
Städtisches Kunstmuseum Singen, *Der Morat-Block*
SüdWestGalerie, Niederalfingen

2003 Edition im Radius-Verlag, Stuttgart, (Collagen für das Buch *Franz Bernhard, Walter Helmut Fritz, Unterwegs, Materialbilder-Aufzeichnungen,* erschienen im Radius-Verlag)
Morat-Institut, Freiburg im Breisgau (gleiche Ausstellung wie oben)

2004 Kreishaus Südliche Weinstraße, Landau in der Pfalz
Galerie Ruppert, Landau in der Pfalz
Galerie Knecht, Karlsruhe
Domkreuzgang, Hildesheim
Galerie Rothe, Frankfurt am Main
Schloss Waldthausen, Budenheim
Morat-Institut, Freiburg im Breisgau, Wiedereröffnung der Bernhard-Halle
Dominikanerkloster Köln
Kulturforum Alte Post, Neuss
Galerie der Stadt Wendlingen am Neckar

2005 Galerie Fluchtstab, Staufen im Breisgau

2006 art Karlsruhe, bei Galerie Ruppert
Galerie im Bürgerhaus, Zella-Mehlis (Radierungen)

2007 Museum Lothar Fischer, Neumarkt in der Oberpfalz
Galerie Ruppert, Landau in der Pfalz
Kunstverein Neckar-Odenwald, Mosbach, mit Verleihung Erich-Heckel-Preis
Kreissparkasse Heilbronn, Neckarsulm
Kunstverein Zweibrücken

2008 Bürgerzentrum Siegelsbach
Museum Pfalzgalerie Kaiserslautern (2008 bis 2009)

2009 art Karlsruhe, Skulpturenplatz bei Galerie Ruppert
Edwin Scharff Museum, Neu-Ulm
Predigerkirche Rottweil
Dominikanerkloster Braunschweig

2010 Galerie Ruppert, Landau in der Pfalz
Kunstkreis Tuttlingen
Kunstkabinett im Turm, Wolfgang Thomeczek, Grünstadt/Sausenheim
Villa Wessel, Iserlohn
Galerie Fluchtstab, Staufen im Breisgau

2011 art Karlsruhe, bei Galerie Ruppert
Galerie Heike Hinkelmann, Hamburg

2012 Kunstverein Germersheim, Sammlung Andreas Schell
Evangelische Kirche Jockgrim (Kultursommer Rheinland-Pfalz)

2013 Galerie im Prediger, Schwäbisch Gmünd
Skulpturengarten Darmstadt, Elisabeth & Joachim Kuhlmann

2014 Kunstverein Wilhelmshöhe, Ettlingen
Skulpturenpark Heidelberg
Galerie Ruppert, Birkweiler
Kunsthalle Mannheim
EAC-Galerie, Angela Lenz, Badenweiler
750 Jahre Jockgrim, vier Großskulpturen

2015 Galerie Angela Lenz, Feldberg-Falkau
Zehnthaus, Jockgrim
Richard-Haizmann-Museum, Niebüll
Schloss vor Husum, Museumsverbund Nordfriesland

2016 Südstadt Antiquariat, Karlsruhe

2017 Kunstmuseum Heidenheim – Sammlung Morat-Institut

2018 Skulpturenmuseum Glaskasten Marl

Gruppenausstellungen 1965–2017 | Group Exhibitions 1965–2017

1965 Deutscher Kunstpreis der Jugend für Plastik, Württembergischer Kunstverein Stuttgart und Städtische Kunstgalerie Bochum
11. Jahresausstellung Künstlerbund Baden-Württemberg (zahlreiche weitere Teilnahmen in den Folgejahren), Badischer Kunstverein, Karlsruhe
Karlsruher Künstler, Badischer Kunstverein, Karlsruhe (zahlreiche weitere Teilnahmen in den Folgejahren)

1967 15. Jahresausstellung Deutscher Künstlerbund (zahlreiche weitere Teilnahmen in den Folgejahren), Karlsruhe
Gesellschaft der Freunde Junger Kunst, Baden-Baden (zahlreiche weitere Teilnahmen in den Folgejahren)
Große Münchner Kunstausstellung Haus der Kunst, München (zahlreiche weitere Teilnahmen in den Folgejahren)

1968 Galerie 8, Karlsruhe

1970 *Die grünen Salons,* Staatliche Kunsthalle Baden-Baden

1971 *20 Loth-Schüler in Ravensburg,* Galerie Altes Theater Ravensburg
Sammlung zeitgenössischer Kunst der Bundesrepublik Deutschland, Bundeskunsthalle Bonn
Kunstausstellung Öflingen
Junge deutsche Künstler, Galerie Rothe, Heidelberg
Galerie Defet, Nürnberg (Bandau, Bernhard, Knaupp, Lechner, Schuler, Trantenroth)

1972 Kunstverein Lindau

1973 *Mit Kunst leben,* Ausstellung aus Württembergischen Privatbesitz, Württembergischer Kunstverein Stuttgart
Kunstpreis der Böttcherstraße, Bremen
Kunst in der Universität, Köln-Lindenthal

1974 *Deutsche Bildhauer der Gegenwart,* Kunstverein Augsburg
Poesie durch Material, Sammlung der Bundesrepublik Deutschland, Städtische Galerie Oberhausen, Kunsthalle Recklinghausen und Municipal Gallery of Modern Art Dublin
Große Kunstausstellung München
Sammlung Mutschler, Museum der Stadt Ulm

1975 *30 Stipendiaten der Studienstiftung. Beispiele zur Künstlerförderung 1950–1975,* Martin von Wagner Museum der Universität Würzburg
Pfalzpreis für Plastik, Pfalzgalerie Kaiserslautern
5 Bildhauer, Galerie Buchholz, München
Galerie Defet, Nürnberg

1976 *Holz = Kunststoff,* Staatliche Kunsthalle Baden-Baden
Galerie Buchholz, München (Eröffnung der neuen Räume in Pullach)
Ankäufe des Landes Baden-Württemberg, Kunsthalle Baden-Baden
Kunstpreis der Böttcherstraße, Bremen
Studio-f – Sammlung Kurt Fried, Ulmer Museum
Jahresausstellung Pfälzische Sezession, Pfalzgalerie Kaiserslautern

1977 *Zur Kunstförderung in Deutschland I – Zum Beispiel Villa Romana in Florenz,* Staatliche Kunsthalle Baden-Baden und Palazzo Strozzi, Florenz
Kunstausstellung Wehr-Öflingen
Kunst im Stadtbild, Stuttgart
documenta 6, Kassel
Deutsche Handzeichnungen der Gegenwart, Galerie St. Johann, Saarbrücken (weitere Stationen: Rom, Neapel, Genua, Turin, Mailand, Padua, Triest, Zagreb, Belgrad)

1978 Kunstausstellung Rheinland-Pfalz (Plastiken), Mittelrheinisches Landesmuseum Mainz
Künstlerbund Baden-Württemberg (Radierungen), Hans-Thoma-Museum, Bernau, Kunstverein Schwetzingen und Historisches Museum Heilbronn
Maler und Bildhauer aus Karlsruhe, Haus Baden-Württemberg, Bonn
Troisième Biennale Européenne de la Gravure de Mulhouse
Deutsche Akademie Villa Massimo, Rom
Bildhauer-Handzeichnungen, Kunstverein Augsburg
Galerie Jürgen Ahrens, Koblenz

1979 *Rückschau, Villa Massimo Rom 1957–1974,* Staatliche Kunsthalle Baden-Baden, Saarland-Museum Saarbrücken, Staatliche Kunsthalle Berlin und Staatliche Kunstsammlungen Kassel
25 Jahre Kunst in Baden-Württemberg, Jahresausstellung Künstlerbund Baden-Württemberg, Württembergischer Kunstverein Stuttgart, Haus Baden-Württemberg, Bonn, und Palais du Rhin, Straßburg
Vier Bildhauer (Bernhard, Fischer, Lechner, Peters), Galerie Buchholz, München-Pullach
Galerien in Baden (Bernhard, Kalinowski, Schumacher), Badischer Kunstverein, Karlsruhe, Galerie Rothe
Gravures Contemporaines, Collection Angelika et Berthold Hänel, Hotel de ville salle d'exposition du musée historique Mulhouse
Studien, Entwürfe, Konzepte, Graphik von Bildhauern, Städtische Kunsthalle Mannheim

1980 *Zeichnungen von Bildhauern des 20. Jahrhunderts,* Staatsgalerie Stuttgart
Quatrième Biennale Européene de la Gravure de Mulhouse
Skulpturen zur Landesgartenschau, Ulm
Kunstausstellung Wehr-Öflingen
Sammler-Ausstellung, Kunstverein Tuttlingen
Peter Spiegel – Druckgraphik (Bernhard, Dahmen, Kitzel, Rauch, Schumacher,

Spiegel), Galerie St. Johann, Saarbrücken
Künstler aus Süddeutschland, Kunstverein Salzgitter
Druckgraphik 1980, Künstlerbund Baden-Württemberg, Bernau, Kornwestheim und Cardiff/Wales
Handzeichnungen zeitgenössischer Bildhauer, Galerie Rothe, Heidelberg
Eröffnungsaccrochage, Dibbert Galerie, Berlin
Galerie Thomas, München

1981 *Bildhauertechniken,* Neuer Berliner Kunstverein e. V. in der Staatlichen Kunsthalle Berlin
Skulptur begreifen. Siebzehn ausgewählte Skulpturen aus den Jahren 1919–1980, Kunstmuseum Hannover
Plastiken im Kapitelsaal, Museum Bad Hersfeld
Sammlung Lütze II, Wilhelm-Hack-Museum, Ludwigshafen
Galerie Jürgen Ahrens, Koblenz
Junge Kunst-Sammlung der König Brauerei KG, Wilhelm Lehmbruck Museum Duisburg
Kunst für den Bund, Städtisches Kunstmuseum Bonn
Biennale Européenne, Paris
25 Jahre Kernforschungszentrum Karlsruhe, Prinz-Max-Palais Karlsruhe

1982 *Kunst für den Bund,* Kunsthalle Recklinghausen
Bildnis des Menschen in der Kunst unserer Zeit, Kunstverein Hochrhein, Bad Säckingen
Druckgraphik 1982, Künstlerbund Baden-Württemberg, Alpirsbach, Kornwestheim und Saulgau
Abendmahl. Kunst der Gegenwart, Alte Brüderkirche Kassel
Plastiken auf der Ziegelhütte, Darmstadt
Vigil/Aeneis Buch II/ v.708 ff – Der Mensch ist ein Flüchtling auf der Erde, Kunstverein Wolfenbüttel
Deutsche Zeichnungen der Gegenwart, Deutsche Lufthansa AG, Museum Ludwig der Stadt Köln (Wanderausstellung)
Zeichnungen von Bildhauern nach 1945, Kunstverein Braunschweig
Künstler aus Baden-Württemberg – Arbeiten in Rom, Deutsche Akademie Villa Massimo 1957–1982, Städtisches Museum Heilbronn und Haus Baden-Württemberg Bonn
Junge Kunst in Deutschland – Privat gefördert, Kölnischer Kunstverein (1983 Nationalgalerie Berlin und Städtische Galerie im Lenbachhaus München)
Cinquième Biennale Européenne de la Gravure de Mulhouse

1983 *Das Abendmahl in der Kunst der Gegenwart,* Landeskirchenamt Darmstadt
Bildhauerzeichnungen, Galerie von Laar, München
Öflinger Kunstwochen
Kunst der sechziger Jahre, Stiftung Sammlung Kurt Fried, Ulmer Museum
Triennale für Kleinplastik, Fellbach
Köpfe und Gesichter, Kunsthalle Darmstadt
Deutsche Bildhauer des 20. Jahrhunderts, Galerie der Stadt Sindelfingen
Lebenszeichen – Botschaft der Bilder, Kunstmuseum Hannover
Skulptur und Farbe, Gesellschaft für Aktuelle Kunst, Bremen
Deutsche Bildhauer der Gegenwart, Kunstverein Augsburg
Dreidimensional, Städtische Kunsthalle Mannheim (1984 Tokio und Wilhelm Lehmbruck Museum, Duisburg)

1984 *Kunstlandschaft Bundesrepublik,* Kunstverein Hannover
Gesichter und Gestalten – Das Bildnis des Menschen in der Kunst unserer Zeit, Denzlingen
Plastik der 60er und 70er Jahre im Südwesten, Villa Merkel, Esslingen
Zeitgenössische Bildhauerzeichnungen – Beginn einer Sammlung, Stadt Rottweil
Figura docet – Die Gestalt des Menschen in der Handzeichnung deutscher Bildhauer nach 1945, Moderne Galerie Saarbrücken
6th International Small Sculpture Exhibition of Budapest
Skulpturen von Bernhard, Blumenberg, Böllinger, Kalinowski, Ölzant, Peters, Schoenholz und Schnitzler, Galerie von Laar, München
Neuerwerbungen der graphischen Sammlung, Kunstmuseum Hannover
Natur – Figur – Skulptur, Skulpturenallee Heilbronn

1985 Eröffnungsausstellung der Galerie Art Contact, Karlsruhe
Skulptur aktuell II – Die menschliche Figur zwischen Realismus und Abstraktion, Bielefeld
Die andere Eva – Wandlungen eines biblischen Frauenbildes, Düsseldorf (weitere Stationen Wadersloh-Liesborn, Heidelberg, Darmstadt, München und 1986 Wehr-Öflingen, Bonn, Graz)
Kunst seit 1945, Sprengel Museum Hannover
Meisterwerke internationaler Plastik des 20. Jahrhunderts, Wilhelm Lehmbruck Museum, Duisburg
1945–1985 Kunst in der Bundesrepublik Deutschland, Nationalgalerie Berlin

1986 *Nur Rost?* Skulpturenmuseum Glaskasten Marl
Neun Schüler von Loth, Kunsthalle Darmstadt
Bodenskulptur, Kunsthalle Bremen
Abstrakt – Konkret, Neuerwerbungen, Wilhelm-Hack-Museum, Ludwigshafen
Dimension V. Spannungen, Philip Morris GmbH, Josef-Haubrich-Kunsthalle, Köln, und Berliner Kunsthalle

1987 *Gegenüberstellung zum Thema Kopf* (Franz Bernhard und Erwin Wortelkamp), Hans-Thoma-Gesellschaft, Reutlingen
Das andere Medium – Zeichnungen von Bildhauern, Museum am Ostwall, Dortmund
Standort 1987, Galerie Pels-Leusden, Berlin
Skulptur Total, Bildhauerarbeiten aus Eigenbesitz, Museum Morsbroich, Leverkusen

Galerie Schneider, Freiburg, Eröffnungsausstellung Neue Galerie
Kunst-Machen. 26 Maler und Bildhauer beim Kunst-Machen beobachtet von Christoph Valentin, Landesgirokasse Stuttgart

1988 Skulpturen in der Galerie im Stadthaus Bad Homburg
Sechs Bildhauer, Galerie Scheffel, Bad Homburg
Schöpfung, Evangelische Begegnungsstätte Hohenwart und Kulturhaus Wiesloch
Bildhauer zeichnen, Galerie Pels-Leusden, Berlin
Kunst im Diakoniezentrum, Wehr-Öflingen
Vorbilder. Kunst in Karlsruhe 1959–1988, Badischer Kunstverein, Karlsruhe
13. Hans-Thoma-Preisträger, Hans-Thoma-Museum, Bernau
Botschaften. Kunst der Gegenwart im Hospitalhof Stuttgart (1989 in Karlsruhe)
Zeichnung und Skulptur. Bildhauerzeichnungen aus Karlsruhe, Städtische Galerie im Kornhaus, Kirchheim unter Teck

1989 *Von der Klassischen Modernen bis zur Gegenwart,* Galerie Pels-Leusden, Berlin
4. Triennale für Kleinplastik, Fellbach
10 Jahre Wilhelm-Hack-Museum, Ludwigshafen
Der geschundene Mensch, Dommuseum Frankfurt am Main
Pfälzer Sezession, Kunstverein Speyer

1990 *Poesie durch Material, Licht und Bewegung,* Skulpturenmuseum Glaskasten Marl
Gegenwart Ewigkeit. Spuren des Transzendenten in der Kunst unserer Zeit, Martin-Gropius-Bau, Berlin
Wehrer Kunstwochen, Diakonieverein Wehr-Öflingen, Stadthalle Wehr
Europäische Skulptur der Zweiten Moderne, Wilhelm Lehmbruck Museum, Duisburg
Bildhauerzeichnungen, Galerie Hartl & Klier, Tübingen
Skulpturen der Bundesrepublik Deutschland 1949–1989 aus dem Wilhelm Lehmbruck Museum Duisburg, Kunstpalast Vilnius, Kunstmuseum Minsk, Manege Leningrad, Ukrainisches Museum Kiew
Bis jetzt. Von der Vergangenheit zur Gegenwart: Plastik im Außenraum der Bundesrepublik, Georgengarten Hannover-Herrenhausen
Kunst und Künstler aus Rheinland-Pfalz, Plastik und Bildhauerzeichnung, Keramikmuseum Westerwald, Höhr-Grenzhausen

1991 *Regulations,* International Biennial of Graphic Arts, Ljubljana, Slowenien
Figur – Ansichten von Figur in der Moderne, Städtische Museen Heilbronn
Kunst und Kanal, Wettbewerbsarbeiten (Modelle und Zeichnungen), Bundesministerium für Verkehr, Bonn
Museum und Kirche – Religiöse Aspekte moderner Kunst, Wilhelm Lehmbruck Museum Duisburg
Köpfe, Kunstverein Wolfenbüttel
Zeichen und Figur – Bildhauerzeichnungen heute, Saalbau-Galerie Darmstadt
Bildhauerzeichnungen, Wilhelm Lehmbruck Museum, Duisburg
Positionen, Bildende Kunst, Literatur, Musik in Rheinland-Pfalz, Herrenhof Mussbach
Hölzer, Stämme, Körper, Holzplastik in Baden-Württemberg, Landeskunstwochen Reutlingen
7. Nationale der Zeichnung Augsburg, Bildhauerzeichnungen, Kreissparkasse Augsburg
Druckgraphik, Neuerwerbungen der Graphischen Sammlung, Museum Morsbroich, Leverkusen

1992 *La figure en question peinture et sculpture en Allemagne dans les années 80,* Culture Bank, Locaux du Cedric, Selestat bei Straßburg
Finissage, Galerie Rothe, Heidelberg
Arbeiten auf Papier 1945–1975, Donation für das Busch-Reisinger Museum der Havard University, Kölnischer Kunstverein, Köln
Das Kreuz als Zeichen in der Gegenwartskunst, Hospitalhof Stuttgart
Sammlung Lütze III – Arbeiten auf Papier von Bildhauern, Landesgirokasse Stuttgart
Kopfansichten, Malerei und Plastik der 80er Jahre, Pfalzgalerie Kaiserslautern (1993 Städtisches Museum Heilbronn)

1993 *de figura – Aspekte der Figur in der zeitgenössischen Skulptur* (Bernhard, Knaupp, Koch, Lehnerer), Plastik und Zeichnung, Forum Kunst Rottweil
Kunst der Neunziger Jahre, Aktuelle Kunst in Karlsruhe und Baden, 175 Jahre Badischer Kunstverein, Karlsruhe
68 – Kunst und Kultur. Plastik-, Skulptur-, Objekt-, Videokunst, Skulpturenmuseum Glaskasten Marl
Stahlplastik in Deutschland 1993, Halle Kulturpark Saaleaue
Kirchgänge, Kunst der Gegenwart in Landauer Kirchen, Evangelische Kirche Bornheim
Positionen der 60er Jahre. Innovative Impulse im deutschen Südwesten, Galerie Schlichtenmaier, Schloss Dätzingen
Wege (Wanderausstellung 1993–1994: Stadthalle und Altes Schloss Wehr, Evangelischer Kirchenrat Karlsruhe, evangelische Kirchen Heilbronn, Landeskrankenhaus Emmendingen)
Am Beispiel Plastik – Konzeption und Form, Städtisches Museum Leverkusen (1994 Haus am Waldsee, Berlin, und Städtische Kunsthalle Mannheim)

1994 *Der neue Adam,* Evangelische Begegnungsstätte Hohenwart und Evangelisches Bildungswerk Berlin-Brandenburg
Figur und Körper – Das neue Menschenbild in der zeitgenössischen Kunst, Deutsche Bank Luxemburg
Zeichen zeigen. Zeichnungen der 1990er-Jahre, Kunstverein Speyer und Saarländisches Künstlerhaus, Saarbrücken
Kultursommer Rheinland-Pfalz, Schloss Koblenz

1995 *Plastische Werte. Skulpturen von 1800 bis heute,* Staatliche Kunsthalle Karlsruhe

Bildhauerzeichnungen (Arp, Bernhard, Calder, Chillida, Giacometti, Höckelmann, Miró und Uhlmann), Bahnhof Rolandseck, Remagen
10 Jahre – von hier aus (Baschang, Bernhard, Erhardt, Krieg, Fischer, Voré), Galerie Art Contact, Karlsruhe
Kunst Raum Kirche. Künstlerische Positionen der Gegenwart. Skulpturen und Objekte, Landeskirchliches Museum Ludwigsburg
Wiedereröffnung Kunsthalle Budapest, Deutsche Museen und Kunstvereine (Kunsthalle Mannheim)
Sakrale Kunst. Malerei, Grafik, Plastik, Zehnthaus Jockgrim
Kunst, die aus dem Rahmen fällt. 20 Jahre Sammlung Westermann, Städtische Galerie Rastatt
Franz Bernhard im Dialog mit Brus, Calm, Friedmann, Middendorf, Müller, Elisabeth-Schneider-Stiftung, Freiburg
Neuerwerbungen und Geschenke, Kunstsammlung Basel, Kupferstichkabinett
Bildhauer 95 in Deutschland, Kunstverein Augsburg
Impuls Südwest. Kunst der 1960er-Jahre in Baden-Württemberg, 150 Jahre Kunsthalle Karlsruhe
Von B bis Z. Plastiken aus dem Besitz der Pfalzgalerie, Pfalzgalerie Kaiserslautern
Zerrissen – Geheilt. Kunst und Kirche (Bernhard, Hartlieb, Hofmann, Kubach-Wilmsen-Team, Nüssle), Bilder und Skulpturen, Evangelische Kirchengemeinde Lützelsachsen

1996 *Beispiele: Kunst des 20. Jahrhunderts aus Heidelberger Privatbesitz,* Heidelberger Kunstverein
Sammlung GE Süderlügum (Bernhard, Eichler, Fürner, Hartlieb, Matt, Pichlbauer, Grieshaber, Kitzel, Klemm, Loth), Plastiken, Zeichnungen, Grafik
Initiative Kunst – Kirche, Evangelische Stadtkirche Karlsruhe, Deutsche Gesellschaft für Christliche Kunst
Positionen – Skulptur an sakralem Ort, Benediktinerabtei Seligenstadt
Der Platz – Ein Thema der Kleinplastik seit Giacometti. Plätze und Platzzeichen, Modelle zum Wettbewerb für die Skulpturengestaltung der Friedrich-Ebert-Brücke, Städtisches Museum Heilbronn
20 Bildhauer, Plastik und Zeichnung, Galerie Rothe, Frankfurt am Main
Sammeln: Eine Leidenschaft. Kunst nach 1950 aus Privatsammlungen der Region, Schloss Badenweiler
Akzente, Kunst im Evangelischen Oberkirchenrat Karlsruhe
11 Positionen, Bildhauerzeichnungen, Hans-Thoma-Gesellschaft Kunstverein Reutlingen

1997 *Via Crucis – Das Kreuz in der Kunst der Gegenwart,* Dominikanerforum Rottweil
Horizonte, Kunst und Diakonie Wehr-Öflingen und Bad Herrenalb
50 Jahre Rheinland-Pfalz, rheinland-pfälzische Staatspreisträger, Schloss Waldthausen bei Mainz
Zukunft hat Vergangenheit. 50 Jahre Rheinland-Pfalz-Ankäufe, Künstlerhaus Schloss Balmoral Bad Ems
Die Bilder der Galerie, Galerie Carzaniga und Ueker, Basel
Weder gut noch böse, Kirche – Kunst – Diakonie. Die Sammlung Paul und Hanna Gräb, Galerie im Rathaus München, Evangelischer Oberkirchenrat Karlsruhe und Kunstverein Kronach
Bilder von Menschen. 18 Maler aus 7 Ländern Europas und der Bildhauer Franz Bernhard, Xylon-Museum und Werkstätten Schwetzingen
Positionen zeitgenössischer Kunst, Große Kunstausstellung 1997, Haus der Kunst, München
Accrochage, Sammlung GE Süderlügum
50 Jahre Rheinland-Pfalz, Hambacher Schloss

1998 *Aufstehen Auferstehen,* Hospitalhof Stuttgart und Leonhardskirche Stuttgart
Künstlergruppen zu Gast in Herne, Künstlerbund Speyer e. V. und Gäste, Flottmann-Hallen, Herne, und Kunstverein Villa Streccius, Landau
Bildhauer zeichnen, Förderkreis Bildende Kunst Badenweiler
Aufbruch ins Jahr 2000, Plastik, Malerei, Grafik, Pfälzische Sezession, Herrenhof Mußbach bei Neustadt/Weinstraße
Bildhauerzeichnungen der Gegenwart, Sammlung der Stadt Rottweil, Dominikanermuseum Rottweil
Skulptur und Zeichnung im 20. Jahrhundert, Wilhelm Lehmbruck Museum, Duisburg
Künstler helfen Amnesty International (mit Auktion), 50. Jahrestag der Erklärung der Allgemeinen Menschenrechte, Herrenhof Mußbach bei Neustadt/Weinstraße
Eröffnung der Galerie ARS VIDERE, Bellheim (Bernhard, Dietz, K.O. Götz, Wortelkamp)
Bildhauerzeichnungen (Bernhard, Bindl, Croissant, Daum, Schönholtz, Peters), Galerie Kemper, München
Denkmal 17. Juni 1953, Ausstellung der Wettbewerbsergebnisse, Senatsverwaltung für Bauen, Wohnen und Verkehr, Berlin

1999 *Der große Alb-Gang. Skulpturen in der Natur,* Naturschutzzentrum Schopflocher Alb
Positionen der Plastik (Bernhard, Bücheler, Kuhnert, Riel, Scherer), 20 Jahre Galerie im Kornhaus der Stadt Kirchheim/Teck
Nadel – Platte – Druckerschwärze: Radieren heute, Großherzogliches Palais Badenweiler
50 Jahre Große Kunstausstellung München 1999, Jubiläumsausstellung , Haus der Kunst, München
Druckgrafik Künstlerbund-Baden-Württemberg, Xylon-Museum, Schlossgarten Schwetzingen
Aus einer Sammlung II, Kreissparkasse Esslingen-Nürtingen
Kunst + Kirche – bewegen – bewahren. Bilder und Skulpturen, Evangelischer Gemeindebauverein, Weinheim-Lützelsachsen
Standpunkt Plastik: Skulptur in Dialog – Aspekte künstlerischen Denkens heute, Skulpturenmuseum Glaskasten Marl

2000 *20 Jahre Heitland Foundation. Zwanzig Kunstpreisträger einer privaten Stiftung,* Kunsthalle Darmstadt
Köpfe eines Jahrzehnts. Neuerwerbungen des Skulpturenmuseums 1990–1999, Städtisches Museum Heilbronn
Fließende Zeit – Kunst für Diakonie, Stadthalle und Altes Schloss Wehr/Baden, Fürstenbau der Festung Rosenberg Kronach und Evangelischer Oberkirchenrat Karlsruhe
darüber hinaus, Ausstellung zum 94. Deutschen Katholikentag in Hamburg, Barlach Halle K, Hamburg
Der große Alb-Gang, Zeichnungen, Skizzen und Maquetten, Landratsamt Esslingen
Plastische Graphik, Städtische Kunsthalle Mannheim
Skulpturen 1, Eröffnung der neuen Galerie Nothelfer, Berlin
Pfälzische Sezession 2000, Jockgrim Zehnthaus und Ziegeleimuseum
Künstler am Beginn des 21. Jahrhunderts, Bildhauerei, Künstlerhaus Metternich, Koblenz

2001 *Spektrum Kunstlandschaft,* Galerien des Landesverbandes Hessen und Rheinland-Pfalz zu Gast in der Kunsthalle Darmstadt
1971–2001, 30 Jahre Galerie Nothelfer, Berlin
Kopf und Maske, 40 Jahre Galerie Rothe, Frankfurt am Main
Eine Bilanz. 14. Nationale der Zeichnung Augsburg 2001, Toskanische Säulenhalle im Zeughaus Augsburg
Kunst kaufen – Menschen helfen, Benefizausstellung des Vereins Kunst und Diakonie e.V. Wehr-Öflingen, Galerie Alfred Knecht, Karlsruhe, und Evangelischer Oberkirchenrat Karlsruhe
Shoes or no Shoes? Het Museum voor Schoene Kunsten, Provinciaal Centrum voor Kunst, Gent
Facetten zeitgenössischer Kunst, Galerie Valentin, Stuttgart
Bon à tirer. Radierungen und Holzschnitte in seltenen Probeabzügen und Farbvarianten, Galerie Spiegel, Blieskastel
Kunst am Bau, Bauten des Bundes in Berlin, Bundesamt für Bauwesen und Raumordnung Berlin
Marchtaler Fenster – Neue Kunst 2001, Obermarchtal
14. Nationale der Zeichnung, Augsburg
21. Hilzinger Kunstausstellung, Förderkreis Kunst und Kultur Hilzingen e.V., Rathaus Hilzingen
Das Plateau. Deutsche Kunst der Gegenwart aus der Sammlung, Guardini Galerie, Berlin

2002 *Plastische Form ist keine Formsache. Skulpturen des 20. Jahrhunderts,* Galerie Schlichtenmaier, Schloss Dätzingen Grafenau
Kreuze, Werke zeitgenössischer Künstler, Bamberger Dom
Kunstförderung des Landes Baden-Württemberg, Erwerbungen 1997–2000, Städtisches Kunstmuseum Spendhaus, Reutlingen
Galerien zu Gast im Kunstverein, Galerie Ruppert, Landau, und Kunstverein Speyer, Kulturhof Flachsgasse
Ausstellungen in Schloss Waldthausen, Künstler der Interessengemeinschaft rheinland-pfälzischer Galerien
KUNSTdünger e.V., Skulpturenfeld Rottweil-Hausen
Stein des Anstoßes. Symposion zu Fragen der Kunst im öffentlichen Raum, Saarland Museum Saarbrücken
Jana Grzimek und Künstler der Galerie, Galerie Alfred Knecht Karlsruhe
Pfalzpreisträger gestern – ihre Werke heute, Kunst im Herrenhof, Mussbach Neustadt an der Weinstraße

2003 *Dialoge,* Gegenwartskunst in Wehr/Südbaden, Kunst und Diakonie e.V. Wehr-Öflingen
Kopf – Figur, Plastiken und Zeichnungen in der Ludwigskapelle, Kulturverein Wachenheim
Wilhelm Loth und seine Schüler, Kunstverein Speyer, Kulturhof Flachsgasse
Zeichen für Frieden, Die Künstlergilde e.V., Museum Ostdeutsche Galerie Regensburg
Kunst im öffentlichen Raum, Museum St. Wendel
Ausstellung gesammelter Werke Johannes Roedeske aus den Jahren 1981–2003, Sparkasse Menden
Tatort Papier, Galerie Rothe, Frankfurt am Main

2004 Galerie Fluchtstab, Staufen im Breisgau
Bild und Text. Künstler im Dialog mit Schriftstellern, Großherzogliches Palais Badenweiler
Ewige Weite, Bamberger Dom
Sommerlust Kunst-Stücke – Drei Generationen begegnen sich, Galerie Rothe, Frankfurt am Main
Kopf – Portrait – Kopf. Die Aktualität einer Tradition, Galerie Rothe, Frankfurt am Main
Signal SüdWest, Neueröffnung der SüdWest-Galerie in Niederalfingen
FERRUM+, Künstlerzeche Unser Fritz, Herne
4 Maler/Bildhauer – 4 Schriftsteller, Galerie Knecht, Karlsruhe
Dreidimensional. Plastik und Skulptur aus den Landkreisen in Baden-Württemberg 1960–2004 (Wanderausstellung)

2005 *A bis Z. 50 Jahre Künstlerbund Baden-Württemberg,* Städtische Galerie Karlsruhe
ZeitRaumZeichen. 50 Jahre Künstlerbund Baden-Württemberg e.V., Schloss Achberg
KUNSTdünger, Kleinstes Ausstellungshaus für zeitgenössische Kunst in Baden-Württemberg
Von Braque bis Beuys. Die Sammlung Röhnisch, Städtisches Museum Wesel und Galerie im Centrum, Wesel
Positionen zwischen Gegenständlichkeit und Abstraktion. Glanzlichter der Sammlung Morat (Bernhard, Hauck, Kocherscheidt, Maier, Stoll), Kunstverein Augsburg, Toskanische Säulenhalle des Zeughauses
Die obere Hälfte – Die Büste von Rodin bis Funakoshi, Kunsthalle Emden

2006 *Teil 2: Zeichnungen, Skulpturen, Malerei, Graphiken,* 10 Jahre Galerie im Tulla Mannheim
skulpturen!klein!skulptur! Kleinplastiken des 19. und 20. Jahrhunderts aus der Sammlung K. und U. Schulz, Edwin Scharff Museum, Neu-Ulm, Schloss Achberg, Ravensburg, und Museum Kloster Asbach, Rotthalmünster
Begegnungen. Gegenwartskunst in Wehr/Südbaden, Stadthalle Wehr und Stadtmuseum Altes Schloss, Wehr
25 Jahre Niederrheinischer Kunstverein, Städtisches Museum Wesel und Galerie im Centrum, Wesel
100 Jahre – 100 Köpfe. Das Jahrhundert moderner Skulptur, Jubiläumsausstellung, Wilhelm Lehmbruck Museum, Duisburg
Im kleinen Format. Plastische Arbeiten, Kreisgalerie Schloss Meßkirch

2007 *Große Kunstausstellung,* Haus der Kunst, München
Galerie Alfred Knecht, Karlsruhe
Dialoge: Kunstwerke in Kommunikation, Galerie Schlichtenmaier, Schloss Dätzingen, Grafenau
20 Jahre Xylon-Museum und Werkstätten, Xylon-Museum, Schwetzingen
Kunst bewegt 2007, Künstlerbund Baden-Württemberg, Neckarsulm
0104SePP70b0X2006. Arbeiten von Kollegen zum 70. Geburtstag von Josef Bücheler, Gemeindehaus St. Maria, Dürbheim
Der Himmel auf Erden. Neue Skulpturen für Heilbronn, Städtische Museen Heilbronn
24. Hilzinger Kunstausstellung, Förderkreis Kunst und Kultur Hilzingen
Corpus Kressbronn – Wieviel Welt ist im Kreuz? Wieviel Kreuz ist in der Welt?, Galerie in der Lände, Kressbronn
Neu kombiniert. Malerei, Plastik und Graphik aus den Beständen der Pfalzgalerie, Museum Pfalzgalerie, Kaiserslautern
Zeitzeichen in Raum, Kunstsammlung des Landkreises Esslingen, Landratsamt Esslingen
Begegnungen. Ausgewählte Arbeiten aus drei Jahrzehnten, Galerie Rothe, Frankfurt am Main

2008 *Skulptur im Schloss II – von Antes bis Zippel,* Galerie Schlichtenmaier, Schloss Dätzingen, Grafenau
Große Kunstausstellung, Haus der Kunst, München
Kunst in der ADD, 4 Skulpturen von Franz Bernhard, Boehringer Ingelheim
Villa Massimo Rom, Ausgewählte Stipendiaten und Ehrengäste der Deutschen Akademie Rom, Galerie Knecht, Karlsruhe
inventur. Zeitgenössische Radierung in Deutschland, Kunstverein Reutlingen (2009 Graphikmuseum Pablo Picasso, Münster)

2008 *Köpfe am Korber Kopf,* Zehn Skulpturen, Alte Kelter, Korb
Skulpturenausstellung Stadtraum Ettlingen
10-jähriges Jubiläum der SüdWestGalerie, Niederalfingen

2009 *Aus dem Stamm – Die Sinnlichkeit des Materials. Holzskulpturen heute,* Kunstverein Wilhelmshöhe Ettlingen und Städtisches Kunstmuseum Singen
Die Bildhauerzeichnung als persönliche Äußerung in Raum und Zeit, Kunstraum Hirte, Aschaffenburg
Kunst im öffentlichen Raum, Galerie Ruppert, Landau
Kunst im Weg, Kunstverein Villa Streccius, Landau
Kleinplastiken und Bildhauerzeichnungen, Galerie Schlichtenmaier, Schloss Dätzingen, Grafenau

2010 *Kunstweg am Reichenbach,* Gernsbach
HolzWege, Skulptur und Zeichnung, Kreissparkasse Rottweil

2012 *Pfälzische Sezession,* Kunstverein Germersheim

2013 *Die schönsten Zeichnungen der Graphischen Sammlung,* Museum Pfalzgalerie, Kaiserslautern

2014 *Bildhauer der Galerie,* Galerie Rothe, Frankfurt am Main
STAHL Werk, Kreissparkasse Rottweil
Stahlplastik in Deutschland gestern und heute, Kunstverein Wilhelmshöhe, Ettlingen
Vorschau – Rückschau, Galerie Knecht und Burster, Karlsruhe (2017 Wiederaufnahme)
Im Dialog – Gotik trifft Gegenwart, Dominikanermuseum Rottweil

2015 30 Jahre Galerietätigkeit, Galerie Knecht und Burster, Karlsruhe
weekly 2015, Galerie Fluchtstab, Staufen im Breisgau
Erlebnis Skulptur, Bildwerke des Kunstforums, Ostdeutsche Galerie Regensburg
Sammlung Zehnthaus, Zehnthaus Jockgrim
Kulturtage Südliche Weinstraße, Galerie Ruppert zu Gast im Weingut Dr. Wehrheim, Birkweiler

2016 *Verborgenes – Bestandsprobe III,* Museum Pfalzgalerie, Kaiserslautern
Meisterwerke der Kleinplastik, Galerie Schlichtenmaier, Schloss Dätzingen, Grafenau

2017 *Von der Kettensäge zum 3-D-Stift – Bestandsausstellung Schnittstellen,* Museum Pfalzgalerie, Kaiserslautern
Skulptur aus der Sammlung, Städtische Galerie Karlsruhe
ARS Phantastica, Schloss Villa, Ludwigshöhe

Werkverzeichnisse | Catalogue raisonné

Franz Bernhard. Werkverzeichnis der Skulpturen, Band I, 1964 bis 1989, hrsg. von Wolfgang Rothe, Edition Rothe, Heidelberg und Frankfurt am Main 1990

Franz Bernhard. Die Radierungen, Band I, 1966 bis 1992, hrsg. von Wolfgang Rothe, Edition Rothe, Frankfurt am Main 1996

Franz Bernhard. Werkverzeichnis der Skulpturen, Band II, 1990 bis 2003, hrsg. von Wolfgang Rothe, Galerie und Edition Rothe, Frankfurt am Main 2004

Franz Bernhard. Werkverzeichnis der Zeichnungen, 4 Bände, hrsg. von Andreas C. H. Schell, modo Verlag, Freiburg im Breisgau 2014

Franz Bernhard. Werkverzeichnis der Skulpturen, Band III, 2004 bis 2013, hrsg. von der Galerie Ruppert Birkweiler, modo Verlag, Freiburg im Breisgau 2015

Franz Bernhard. Werkverzeichnis der Radierungen, Band II, 1999 bis 2006, hrsg. von Andreas C. H. Schell, modo Verlag, Freiburg im Breisgau 2015

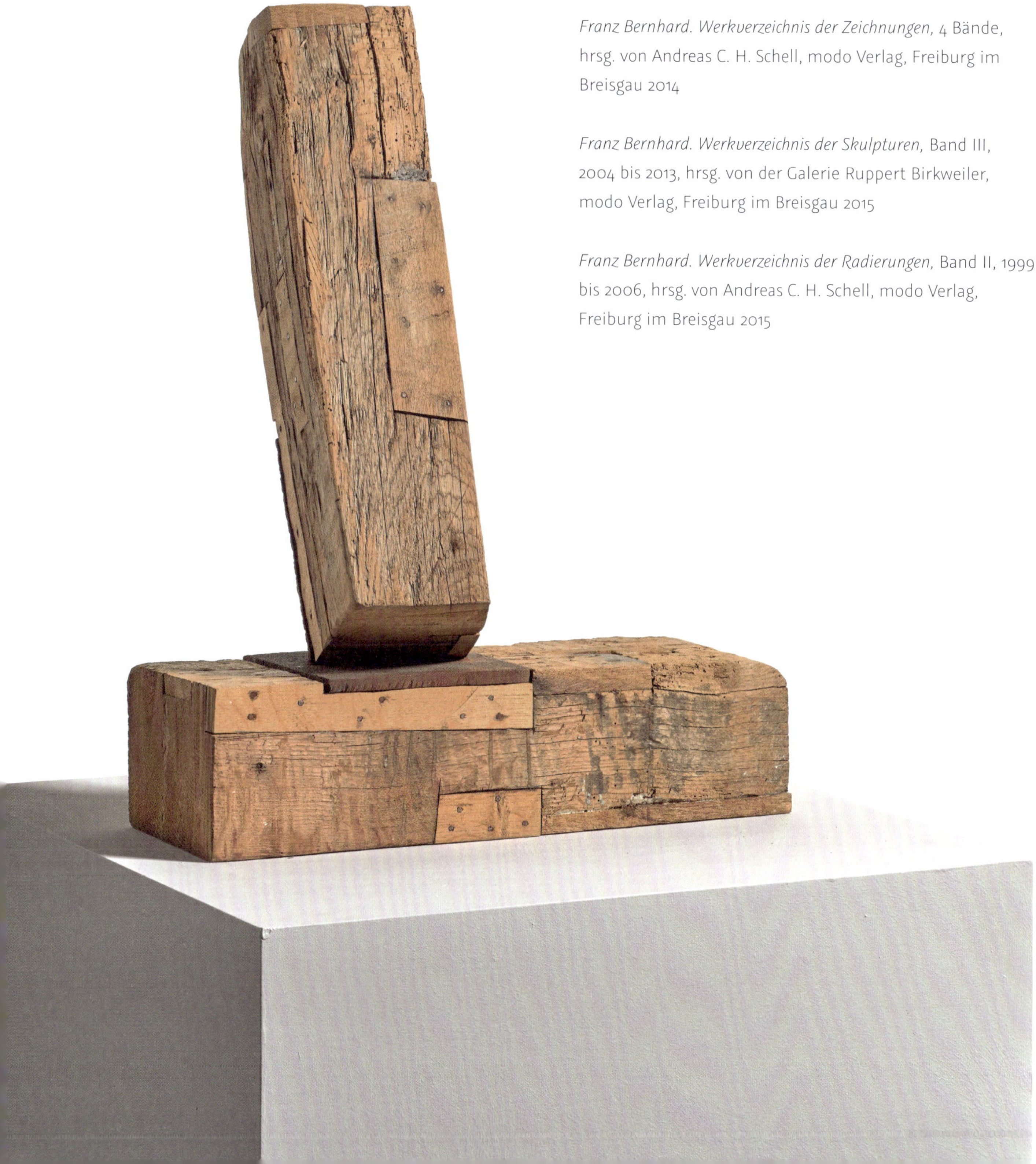

Dieser Katalog erscheint anlässlich der Ausstellung
This catalogue is published on the occasion of the exhibition

Franz Bernhard.
Die menschliche Figur – Skulpturen und Zeichnungen
The Human Figure – Sculptures and Drawings

Skulpturenmuseum
Glaskasten Marl

Skulpturenmuseum Glaskasten Marl
Creiler Platz 1, 45768 Marl
Tel. +49 (0) 2365 99 2257
Email: skulpturenmuseum@marl.de
www.skulpturenmuseum-glaskasten-marl.de

Vom 4. Februar bis 8. April 2018
From 4 February until 8 April 2018

Direktor | Director
Georg Elben

Kuratoren | Curators
Georg Elben, Gernot Eichler

Museumsteam | Museum Team
Dieter Dammer, Claudia Frank,
Heike Furmanek, Alexander Haffner,
Andreas Steinberg, Stephan Wolters

Andreas C. H. Schell-Stiftung
Weinbrennerstraße 58
76185 Karlsruhe
Email: info@AndreasCHSchell-Stiftung.de

ANDREAS C. H. SCHELL
STIFTUNG

Katalog | Catalogue

Herausgeber | Editor
Georg Elben, Andreas C. H. Schell

Autor | Author
Gesa Bartholomeyczik

Projektleitung | Project Management
Rosa Baumgartner, Jana Ronzhes

Verlagslektorat | Copyediting
Freia Schleyerbach, Wendy Brouwer (Engl.)

Übersetzung | Translation
Gérard A. Goodrow

Satz und Gestaltung | Graphic Design
Martina Zelle

Gesamtherstellung | Production
Wienand Verlag

Printed in Germany

Erschienen im | Published by
Wienand Verlag Köln
www.wienand-verlag.de
Weyertal 59, 50937 Köln

ISBN 978-3-86832-433-4

Die Deutsche Nationalbibliothek verzeichnet diese Publikation in der Deutschen Nationalbibliografie; detaillierte bibliografische Daten sind im Internet über http://dnb.d-nb.de abrufbar.

The Deutsche Nationalbibliothek lists this publication in the Deutsche Nationalbibliografie; detailed bibliographic data are available on the Internet at http://dnb.d-nb.de.

Umschlagabbildung | Cover Illustration
Schlanke Büste, 2008

Bildnachweis | Credits
© VG Bild-Kunst, Bonn 2018 für die Werke von |
for the works from Franz Bernhard

Fotonachweis | Photo Credits
S. | p. 25: Kunsthalle Recklinghausen
S. | p. 26: Skulpturenmuseum Glaskasten Marl
S. | p. 69: Barbara Klemm
Alle anderen Aufnahmen | All other photo credits:
Achim Kukulies